돼지 삼총사 아슬아슬 수학 소풍

MEHR MATHEMATRICKS by Robert Griesbeck
ⓒ 2009 Boje Verlag GmbH Köln
Korean Translation Copyright ⓒ 2009 Darim Publishing Co.
All rights reserved.
The Korean language edition published by arrangement with Boje Verlag GmbH through MOMO Agency, Seoul.

이 책의 한국어판 저작권은 모모 에이전시를 통해 Boje Verlag GmbH사와 독점 계약한 도서출판 다림에 있습니다.
저작권법에 의해 한국 내에서 보호를 받는 저작물이므로 무단 전재와 무단 복제를 금합니다.

생각이 솟아나는 논리 수학
돼지 삼총사, 아슬아슬 수학 소풍

초판 1쇄 발행 2010년 1월 28일
초판 10쇄 발행 2025년 1월 10일

지은이 로베르트 그리스벡
그린이 닐스 플리그너
옮긴이 고영아

편집장 천미진
편 집 최지우, 김현희
디자인 최윤정
마케팅 한소정
경영지원 한지영

펴낸이 한혁수
펴낸곳 도서출판 다림
등 록 1997. 8. 1. 제1-2209호
주 소 07228 서울시 영등포구 영신로 220 KnK 디지털타워 1102호
전 화 02-538-2913 팩 스 070-4275-1693
블로그 blog.naver.com/darimbooks
다림 카페 cafe.daum.net/darimbooks
전자 우편 darimbooks@hanmail.net

ISBN 978-89-6177-033-0 73410

이 책 내용의 일부 또는 전부를 사용하려면 반드시 저작권자와 도서출판 다림의 서면 동의를 받아야 합니다.
책값은 뒤표지에 표시되어 있습니다.

제품명: 돼지 삼총사, 아슬아슬 수학 소풍	제조자명: 도서출판 다림	제조국명: 대한민국
전화번호: 02-538-2913	주소: 서울시 영등포구 영신로 220 KnK 디지털타워 1102호	
제조년월: 2025년 1월 10일	사용연령: 8세 이상	

※KC마크는 이 제품이 공통안전기준에 적합하였음을 의미합니다.

⚠ **주 의**
아이들이 모서리에 다치지
않게 주의하세요.

돼지 삼총사 아슬아슬 수학 소풍

로베르트 그리스벡 글 | 닐스 플리그너 그림
고영아 옮김

다림

 차례

1장 돼지 학교의 세 악동 13

2장 등산은 정말 싫어! 19

첫 번째 문제 뭐든지 가볍게 만드는 것은?
두 번째 문제 수다쟁이 피하기
세 번째 문제 버스 운전사의 의문
네 번째 문제 사막을 무사히 건너는 방법
다섯 번째 문제 몇 번이나 넘었나?
여섯 번째 문제 천하장사 꼬마 돼지

3장 산을 오르며 퀴즈를 39

일곱 번째 문제 감자로 며칠이나 버틸까?
여덟 번째 문제 셋 다 무사히 옮겨야 해!
아홉 번째 문제 꽃은 몇 송이?
열 번째 문제 도둑이 들어간 곳

4장 천근만근 휴게소 대작전 53

열한 번째 문제 토비 골탕 먹이기
열두 번째 문제 모두 몇 개일까?
열세 번째 문제 2 더하기 2가 3이라고?
열네 번째 문제 왜 얼굴을 씻었을까?
열다섯 번째 문제 누가 거짓말쟁이일까?
열여섯 번째 문제 많은 설탕은 없다?
열일곱 번째 문제 케이크 나누기
열여덟 번째 문제 얼마를 내야 할까?

5장 푸르미 아주머니가 내 준 숙제 83

열아홉 번째 문제 오래된 저울로 설탕 달기
스무 번째 문제 벌레가 먹은 책
스물한 번째 문제 맛있는 레모네이드를 만들자!
스물두 번째 문제 무엇이 뒤바뀐 걸까?
스물세 번째 문제 정확히 10분!
스물네 번째 문제 잔을 골고루 섞는 방법
스물다섯 번째 문제 둘은 어떤 관계?

6장 구스 아저씨의 수수께끼 105

스물여섯 번째 문제 케이블카의 비밀
스물일곱 번째 문제 어떤 표를 원하십니까?
스물여덟 번째 문제 앞으로 한 번, 뒤로 한 번
스물아홉 문제 아저씨는 독심술의 대가?
서른 번째 문제 잔 받침에 담긴 수수께끼
서른한 번째 문제 배낭의 무게를 알고 싶어!
서른두 번째 문제 훌륭한 이발사
서른세 번째 문제 식탁을 붙여라!
서른네 번째 문제 식탁보 꿰매기

서른다섯 번째 문제 토비 골탕 먹이기
서른여섯 번째 문제 모두 몇 개일까?

7장 우리가 해냈어! 139

서른일곱 번째 문제 페인트칠이 언제쯤 끝날까?
서른여덟 번째 문제 소나무 사이의 간격
서른아홉 번째 문제 사이가 나쁜 가족

8장 마지막으로 한 번 더? 149

마흔 번째 문제 마지막 문제

정답은 여기에 155

돼지 학교의 세 악동

아이들이 학교에 다니듯이 꼬마 돼지들은 돼지 학교에 다닌다. 다니는 학교가 다르다는 것만 빼면 아이들과 돼지들 사이에는 별 차이가 없다. 아니, 다른 게 한 가지 있긴 하다. 돼지의 코는 사람의 코와 다르게 생겼다. 그래서 사람들은 돼지 코가 꼭 분홍색 콘센트처럼 생겼다고 놀리기도 한다. 그들은 그렇게 우스꽝스러운 코를 가진 돼지가 결코 사람만큼 똑똑할 리 없다고 생각한다. 그러나 그건 완전히 잘못된 생각이다. 사실 대부분의 돼지들은 무척 똑똑하다.

하지만 똑똑한 것만으로는 충분하지 않다. 똑똑한 꼬마 돼지가 장차 훌륭한 돼지가 되려면 학교에 다녀야 한다.

꼬마 돼지들은 돼지 학교에서 어른 돼지라면 반드시 알고 있어야 할 모든 것을 배운다. 외국어를 세 가지나 배우고 물리, 화학 공부를 하고 요리와 야구도 배운다.

그리고 수학도 배운다.

하필이면 똥배 선생님한테.

하비는 돼지 학교 4학년 학생이다. 아는 것을 모두 합하면 그 합이 어마어마하다고 해서 하비.

누구나 하비를 좋아하지만 토비만은 예외다. 토비가 왜 하비를 싫어하는지는 차차 얘기하기로 하자.

하비는 반에서 1등이지만 공부 벌레는 아니다. 사실 하비는 그냥 똑똑한 돼지가 아니고 엄청나게 똑똑한 돼지다. 사람들이 얼마나 똑똑한지 알아보려고 지능 검사를 하듯이 돼지들은 돼지 능력 검사를 하는데 하비는 돼지 능력 지수가 무려 244나 된다. 아인슈타인이 돼지였더라도 하비보다 지수가 높지는 않았을 것이다.

하비의 쌍둥이 여동생 나기와 누기도 거의 하비만큼이나 머리가 좋다. 둘이 머리를 맞대면 하비보다 더 똑똑할 정도다.

하비는 결코 머리가 좋다고 잘난 척하지 않는다. 그런데 유독 수학 시간만큼은 담임 선생님이기도 한 똥배 선생님을 은근히 약 올린다. 똥배 선생님은 겉으로는 화가 난 척해도 그렇게 영리한 학생이 자기 반에 있다는 게 내심 기분 좋다.

차차는 하비와 제일 친한 친구다. 돼지 치고는 상당히 말랐는데 몸에 살이 부족한 대신 머릿속이 꽉 차 있다고 보면 된다. 돼지답지 않게 머리에 든 지식이 몸에 있는 살보다 많고 그 차이가 큰 차차.

차차는 남들이 속아 넘어가기 쉬운 문제나 수수께끼를 잔뜩 알고 있다. 게다가 똥배 선생님을 골탕 먹이는 문제를 낼 때에도 어찌나 순진무구한 얼굴을 하고 있는지 선생님은 번번이 당하고 만다.

배배는 차차의 쌍둥이 동생이다. 배배의 우람한 체격을 보면 둘이 쌍둥이라는 사실이 믿어지지 않는다.

늘 남보다 몇 배나 더 먹어서 배배. 생각하는 것보다는 먹는 것을 더 잘하지만 재미있는 난센스 퀴즈를 많이 알고 있을 뿐만 아니라 유행하는 농담에도 훤하다.

'돼지 삼총사'로 통하는 이들은 선생님들에게, 그 가운데서도 특히 똥배 선생님에게 그야말로 공포의 대상이다.

2장
등산은 정말 싫어!

똥배 선생님이 교실에 들어와 아이들에게 말했다.

"우리 반 학생들에게 좋은 소식과 나쁜 소식이 있다. 먼저 좋은 소식은 내일 수학 수업을 안 한다는 것이고 나쁜 소식은 산에 가기로 했다는 것이다."

배배가 제일 먼저 반응을 보였다.

"뭐 그렇게 나쁠 것 같지는 않은데요. 좀 돌아다니다가 오후에 어디 근사한 데 둘러앉아 아이스크림도 먹고……"

"꿈도 꾸지 마라!"

똥배 선생님은 배배의 말이 끝나기도 전에 호통을 쳤다.

"내일 갈 곳은 으리으리 산이다. 해발 1026미터 높이지. 어떠냐, 다들 눈앞이 아찔하지?"

학생들은 모두 괴롭다는 듯 얼굴을 찡그렸다. 으리으리 산은 경사가 아주 가파른 산이다. 특히 산 중턱에 있는 천근만근 휴게소에서부터 산꼭대기까지는 이루 말할 수 없이 경사가 급하다. 돼지들은 원래 산에 올라가는 것을 질색한다. 더군다나 이런 한여름에 산이라니, 생각만 해도 끔찍하다.

"선생님, 천근만근 휴게소까지만 가면 안 되나요?"

가장 뚱뚱한 배배가 애원하는 투로 물었다.

하지만 선생님은 꿈쩍도 하지 않았다.

"내일 아침 여덟 시까지 모두 버스 정류장으로 집합이다. 배낭과 튼튼한 신발 잊지 말도록!"

 그날 오후 같은 반 친구들이 삼총사에게 솔깃한 제안을 하나 했다. 산꼭대기까지 가는 것을 어떤 식으로든 막아 주기만 하면 천근만근 휴게소에서 맛있는 걸 실컷 먹을 수 있게 해 주겠다는 것이다.
 "생각해 볼게."
 하비는 대답을 하고 나서 차차, 배배와 의논하기 위해 자리를 떴다.

첫 번째 문제

뭐든지 가볍게 만드는 것은?

다음 날 아침 꼬마 돼지들은 정해진 시각에 모두 버스 정류장에 모였다. 삼총사는 버스 운전사와 할 얘기가 있어서 30분 먼저 와 있었다.

하비가 버스 운전사에게 물었다.

"저희가 어려운 문제를 하나 낼 건데 만일 못 맞히시면 저희 부탁을 들어주실 수 있으세요?"

"그러럼. 단, 내 돈이 한 푼이라도 들거나 도살장에 끌려가거나 할 염려는 없어야 한다."

"걱정 마세요. 제가 지금 말씀드리는 게 뭔지 알아맞히시면 돼요. 이것은 아무 색도 없지만 볼 수 있고요, 무게가 하나도 안 나가는데 이것이 있으면 물건이 가벼워져요. 버스 운전하시는 분들이 특히 싫어하는 것이기도 하고요."

"흠……. 색도 없고 무게도 안 나가고 뭐든지 가볍게 만드는 거라…… 아무래도 모르겠다. 도무지 짐작이 안 가는구나."

"좋아요. 제가 가르쳐 드릴게요. 대신에 저희 부탁 한 가지 들어주시기로 한 것, 아시죠?"

하비가 씩 웃으며 말했다.

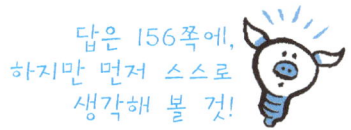
답은 156쪽에. 하지만 먼저 스스로 생각해 볼 것!

수다쟁이 피하기

잠시 후 학생들과 똥배 선생님은 버스 안에 앉아 있었다.

꼬마 돼지들은 재잘거리고 비명을 지르기도 하고 자리에서 서로 밀치며 장난을 치는가 하면 귤껍질을 집어 던지는 등 온갖 난리를 피웠다. 선생님의 원래 계획은 으리으리 산 입구에 있는 주차장에 도착할 때까지 학생들이 심심하지 않도록 소수에 관한 이야기를 해 주는 것이었는데 엄청난 소란 때문에 포기할 수밖에 없었다. 게다가 학생들이 전혀 심심하지 않다는 건 누가 봐도 분명했다.

하비와 차차 그리고 배배는 선생님 근처로 자리를 옮겼다. 배배가 선생님에게 말을 걸었다.

"선생님, 어제 저희 아빠한테 무슨 일이 있었는지 아세요?"

"아니, 하지만 어차피 네가 곧 얘기해 줄 것 아니냐?"

선생님은 별 관심 없다는 듯 대꾸했다.

"네, 맞아요. 선생님도 아시다시피 아빠가 택시를 운전하시잖아요. 어젯밤에 하필이면 보코 부인이 아빠 차에 타더니

기차역으로 가 달라고 하더래요. 말이 많기로 유명한 그 분 아시죠? 교장 선생님 사모님 말이에요."

"당연히 알지. 잘 알고말고."

선생님은 한숨을 쉬었다.

보코 부인은 그 도시에서 모르는 사람이 없을 만큼 굉장한 수다쟁이다. 그 부인이 입만 열었다 하면 5분 안에 옆에 있는 이에게 심한 두통을 안겨 준다고 장담할 수 있다.

"아버지께서 참 피곤하셨겠구나!"

선생님이 동정심 가득한 어조로 말했다.

"다행히 아빠가 기막힌 방법을 생각해 내셨어요. 손으로 입과 귀를 가리키면서 귀가 먹었다는 표시를 하신 거죠. 그랬더니 정말로 보코 부인이 차를 타고 가는 동안 한마디도 안 걸었다지 뭐예요. 목적지에 도착해서 아빠가 미터기를 가리키자 요금을 내고 내렸대요."

"그것참 괜찮은 방법인걸. 그런데 대체 이 얘기를 나한테 왜 해 준 게냐? 그다지 특별한 사건도 아닌데."

"그야 선생님이 수학 선생님이시니까요. 선생님이 늘 그러셨잖아요, 수학의 시작은 논리적인 생각이라고."

"그 말은 맞지."

선생님은 당장이라도 논리적인 생각과 수학에 대하여 일장 연설을 시작하려는 기세였다.

배배는 재빨리 선생님의 말을 가로막았다.

"그럼 제 얘기가 말이 안 된다는 걸 눈치 채셨겠네요."

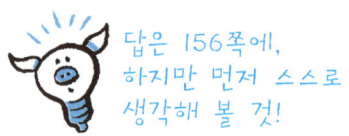
답은 156쪽에,
하지만 먼저 스스로
생각해 볼 것!

세 번째 문제

버스 운전사의 의문

선생님은 한참 동안이나 생각해 보더니 결국 포기하고 말았다. 평소에 논리의 대가라고 자처하던 선생님으로서는 배배의 이야기에서 이상한 부분을 알아내지 못했다는 것이 무척 자존심 상하는 일이었다. 배배는 선생님이 쩔쩔매는 것을 더 이상 지켜볼 수 없었다. 그래서 어디가 이상한지 알려주었다.

"흠, 내가 교묘한 말솜씨에 넘어가고 말았구나. 그럼 이번엔 내가 문제를 내지. 마침 우리가 버스를 타고 가는 중이니 버스 문제가 적당하겠다. 어떤 버스 운전사가 버스를 몰고 가는데, 출발하고나서 24킬로미터쯤 갔을 때 타이어에 펑크가 나고 말았단다. 그런데 운 나쁘게도 예비용 타이어가 없었다는구나. 그래서 할 수 없이 버스는 두고 승객들과 함께 목적지인 종점까지 걸어간 거야. 그리고 도착해서 출발지에 있는 사무실에 전화를 걸어 부탁했지. 수리 차량을 보내 타이어를 교체한 다음 버스를 가져다 달라고."

"전화를 해서 와 달라고 하지! 종점까지 걸어가다니."

하비가 납득할 수 없다는 듯 말했다.

"휴대 전화가 없었거든."

선생님은 얼른 대꾸했다.

"버스 승객 중에 한 명쯤은 갖고 있었을 텐데요."

하비는 한마디도 지지 않았다.

"거기가 휴대 전화 불통 지역이었던 게지."

선생님의 성마른 대꾸가 이어졌다.

"어쨌든 타이어를 새로 끼운 버스가 도착하자 버스 운전사는 그 버스를 몰고 출발지까지 돌아갔단다. 그리고는 자기가 그날 버스를 운전한 거리가 걸어간 거리보다 얼마나 더 길었을지 곰곰이 생각해 보았지. 어때, 답을 알 것 같으냐?"

"그걸 무슨 수로 알아요. 주어진 정보가 너무 적은걸요!"

차차가 항의조로 외쳤다.

"논리적으로 생각하기만 하면 충분히 알 수 있지. 물론 계산이 약간 필요하긴 하지만 말이다."

선생님은 팔짱을 낀 채 삼총사를 바라보았다.

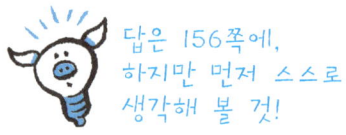

답은 156쪽에.
하지만 먼저 스스로
생각해 볼 것!

네 번째 문제

사막을 무사히 건너는 방법

마침내 하비가 답을 알아맞혔다.

"대단한데! 네 덕분에 우리 삼총사 체면이 섰다."

차차가 활짝 웃으며 말했다.

"다 나한테 배운 거지."

배배도 한 마디 했다.

하비가 재빨리 창밖을 살피더니 두 친구에게 눈짓을 했다.

"참, 우리 문제 낼 것 하나 더 있지 않았냐?"

차차는 얼른 장단을 맞추었다.

"맞다! 선생님, 제 얘기 한번 들어 보세요. 유명한 탐험가인 차자가리우스 교수가 남비 사막을 횡단할 때의 일이에요. 그 사막을 횡단하는 데는 6일이 걸린대요. 문제는, 여행하는 동안의 식량과 물을 가져가야 한다는 거죠. 하루에 물 여덟 병과 과일 빵 네 꾸러미가 필요한데 그 무게가 10킬로그램이래요. 그런데 한 사람이 들 수 있는 무게는 40킬로그램밖에 안 된대요. 교수가 혼자서 6일 치 식량과 물을 들 수는 없는 거죠.

그럼 짐꾼을 몇 명이나 데려가야 할까요?"

"아무리 많은 짐꾼을 데려가도 소용없을 것 같은데. 짐꾼이 몇 명이든 전부 각자 4일 치 식량밖에 못 가지고 가니, 4일 후에는 먹을 거고 마실 거고 동이 나지 않겠느냐? 그러니 교수가 혼자 가건, 짐꾼을 백 명 데려가건 결과는 마찬가지야."

"제 생각엔 그렇지 않을 것 같은데요."

차차가 히죽 웃으며 말했다.

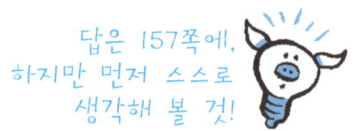

답은 157쪽에. 하지만 먼저 스스로 생각해 볼 것!

다섯 번째 문제

몇 번이나 넘었나?

 선생님은 차차가 낸 문제를 푸는 데 너무나 열중한 나머지 버스가 으리으리 산 입구에 있는 주차장을 그냥 지나치고 말았다는 것을 눈치채지 못했다.
 "첫 번째 난관은 무사히 통과했어. 몇 분 동안만 더 선생님 주의를 끌고 있으면 될 것 같아."
 하비가 속삭였다.
 "아무리 따져 봐도 안 되는데……."
 선생님은 고개를 절레절레 흔들며 중얼거렸다.
 "누군가는 굶어 죽거나 목말라 죽게 되는 결과가 나오는걸. 분명히 방법이 있는 거냐? 너희가 잘못 생각한 게 아니고?"
 선생님은 차차에게 물었다.
 "잘못 생각하긴요! 전부 정확하게 계산해 보았는걸요. 학교에서 제일 잘 가르치시는 수학 선생님한테 배우고 있잖아요. 안 그런가요?"
 차차는 태연한 얼굴로 선생님을 쳐다보았다.

"그거야 그렇지. 그런데 내가 오늘은 정신이 산란해서 도무지 집중이 안 되는구나."

"그럼 대신 다른 문제를 낼까요?"

이번에는 배배가 나섰다.

"그게 낫겠다."

"마침 으리으리 산에 가는 길이니까 아빠가 전에 저한테 으리으리 산에 관한 문제를 내셨던 게 생각나요. 푸지만 마을에서 더머글 마을로 가는 길에 만난 두 농부가 이야기를 나누던 중 누가 그 산을 더 많이 넘었는지가 화제로 나왔대요.

두 마을 사이에 으리으리 산이 있으니 한쪽 마을에서 다른 마을로 가려면 꼭 산을 넘어가야 하잖아요. 농부 하나는 푸지만에 살고 다른 농부는 더머글에 사는데 두 농부가 만난 지점은 산이 눈앞에 바라보이는 곳이었어요. 한 농부가 "난 으리으리 산을 벌써 열일곱 번 넘었다오."라고 말하자 다른 농부가 "난 스물두 번이나 넘었는 걸요."라고 대꾸했대요. 여기서 문제! 두 농부 중 더머글 마을에 사는 농부는 누구일까요?"

"몇 마디 말만 가지고 그런 문제를 맞히는 건 무리지."

선생님은 난처한 표정으로 배배를 바라보았다.

"천만에요. 충분히 알아맞힐 수 있는걸요."

배배는 어깨를 으쓱했다.

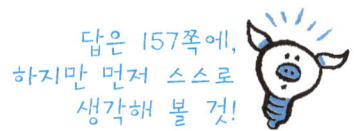

천하장사 꼬마 돼지

"선생님, 좀 보세요! 으리으리 산이에요. 정말 굉장해요!"

차차가 큰 소리로 외쳤다.

창밖으로 어마어마한 높이의 가파르게 솟은 산이 보였다. 선생님은 코가 납작하게 눌릴 정도로 얼굴을 창유리에 바짝 댄 채 중얼거렸다.

"그야말로 장관이로구나. 이런 대단한 풍경을 대하니 돼지라는 존재가 한없이 작게 느껴지는걸……. 그런데 뭔가 좀 이상하네."

선생님이 이상한 게 무엇인지 눈치채기 전에 하비는 얼른 선생님의 옷소매를 잡아끌었다.

"선생님, 수학 시간에 문제로 내실 만한 게 떠올랐어요."

"그래? 그럼 얼른 말해 보아라. 이런 데 와서도 수학 시간에 풀 문제를 생각하다니 기특하구나."

선생님은 기대하는 얼굴로 하비를 바라보았다.

"으리으리 산은 높이가 1000미터쯤 되잖아요. 물론 1000미

터가 조금 넘긴 하지만 그러면 복잡해지니까 그냥 1000미터라고 치고요, 무게가 얼마나 나갈까요? 한 100만 톤 정도 나간다고 하면 되겠죠?"

"글쎄, 내가 지질학자가 아니니 장담하긴 어렵지만 그 정도 나간다고 보면 될 것 같구나."

선생님은 약간 주저하는 표정으로 대답했다.

"좋아요. 그럼 어떤 조각가가 화강암 덩어리를 가지고 이 산을 그대로 조각한다고 가정해 보는 거예요. 1미터 높이의 조각상을 만들었다면 그 조각상의 무게는 얼마나 될까요?"

"음, 높이가 1미터라고 했지? 원래 산은 1000미터 높이인데 무게가 100만 톤이니까…… 흐음…….''

선생님은 머릿속으로 암산을 하는지 고개를 한쪽으로 갸우뚱한 채 눈을 가늘게 떴다.

"제가 들 수 있는 무게일까요?"

하비가 물었다.

"분명 그럴 수는 없을 게다."

"그럼 저랑 내기하실래요?"

하비가 그 말을 하는 순간 버스가 멈춰 섰다. 그제서야 똥배 선생님은 몇 분 전 창밖을 보았을 때 이상하게 여겨졌던 것이 무엇이었는지를 깨달았다. 버스가 멈춰선 곳은 선생님이 등산의 출발 지점으로 정했던 주차장이 아니라 산을 오르내리는 케이블카의 정류장이었다. 그곳에서 산 위로 오르는 길은 경사가 너무 가팔라서 경험 많은 등산가가 아니면 도저히 오를 수 없었다. 그래서 빨간색과 파란색의 줄무늬가 그려진 케이블카가 산 위까지 설치되어 있었다. 꼬마 돼지들에게 이 케이블카를 타고 올라가는 일만큼 신나는 건 없었다.

"이게 대체 어찌 된 일이냐?"

선생님이 잔뜩 흥분한 얼굴로 소리쳤다.

"아마 버스 운전사 아저씨가 뭔가 착각하셨나 봐요."

하비가 시치미를 뚝 떼고 말했다.

"어떤 녀석들 수작인지 짐작이 간다. 틀림없이 삼총사들 짓일 테지. 아까 말한 내기는 또 뭐냐?"

"제가 이기면 모두 이 케이블카를 타는 거예요. 그리고 선생님도 화 푸시고요."

"네가 무슨 수로 이긴단 말이냐? 1미터나 되는 돌 조각상을 들 수 있는 돼지가 어디 있겠느냐?"

선생님은 어림없는 소리 말라는 듯 하비를 노려보았다.

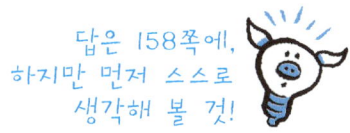

3장
산을 오르며 퀴즈를!

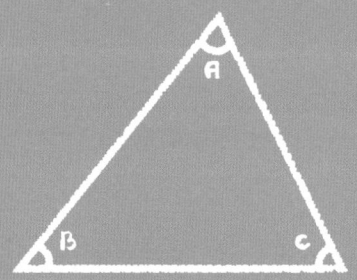

A+B+C = 배배 몸무게

감자로 며칠이나 버틸까?

꼬마 돼지들은 환호성을 지르며 케이블카를 타기 위해 몰려갔다. 케이블카 하나에 둘밖에 탈 수 없어서 일행이 모두 타고 올라가려면 시간이 한참 걸릴 터였다. 그 사이 선생님은 돼지 삼총사와 함께 단체표를 끊기 위해 창구로 갔다.

"왕복표로 드릴까요?"

창구 직원이 물었다.

"편도로 주시오. 산꼭대기 못 미쳐 천근만근 휴게소에서 내린 다음 거기서부터 정상까지 걸어서 올라갔다가 산을 내려올 때도 걸어서 내려올 겁니다."

선생님은 삼총사를 돌아보며 약 올리는 듯 웃음을 지었다.

"케이블카는 휴게소까지만 간다. 정상까지 갈 거라고 기대했다면 오산이야."

"저희도 다 알고 있어요."

하비가 대꾸했다.

"물론이죠. 등산하러 왔잖아요."

차차가 말을 받았다.

"몸을 움직이는 건 좋은 거니까요."

배배도 한마디 거들었다. 말은 그렇게 했지만 배배의 얼굴에는 등산할 생각만 해도 끔찍하다는 기색이 역력했다.

"혹시 돼지 학교의 수학 선생님 아니십니까?"

창구 직원이 갑자기 생각났다는 듯 선생님에게 물었다.

"제 아들놈이 선생님께 수학을 배우고 있습니다. 3학년 놀레라고 아시죠?"

"아, 놀레요. 수학 성적이 50점인가 그럴 걸요. 수학 머리는 통 없는 것 같던데요……."

"수학 머리가 없다고요? 제 머리를 닮아서 그럴 리 없습니다. 제가 문제 하나 낼 테니 맞혀 보시죠."

창구 직원은 화가 나서 벌겋게 상기된 얼굴로 똥배 선생님을 쳐다보았다.

"말해 보시죠."

선생님은 전혀 동요하지 않는 표정이었다.

"아주 심한 추위가 몰아닥친 한겨울이라 케이블카 운행이 안 될 때였습니다. 한 가족이 천근만근 휴게소의 목장에 갇혀 꼼짝도 못 하고 있었지요. 먹을 거라곤 감자가 전부였는데 아이 혼자 먹으면 18일, 부인 혼자 먹으면 12일, 그리고 남편 혼자 먹으면 9일을 버틸 수 있는 양이었답니다. 가족이 모두 함께 먹는다면 그 감자로 며칠이나 버틸 수 있었을까요?"

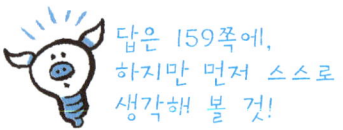
답은 159쪽에,
하지만 먼저 스스로
생각해 볼 것!

여덟 번째 문제
셋 다 무사히 옮겨야 해!

답을 알아맞힌 건 선생님보다 하비가 먼저였다. 선생님은 조금도 언짢아하지 않고 그저 자기 반의 가장 영리한 학생이 마냥 자랑스러운 듯 싱글거렸다.

"보십시오. 논리적으로 생각하고 계산만 약간 보태면 답이 나오는 법이죠. 놀레에게 잊지 말고 꼭 기억해 두라고 이르십시오. 말이 나온 김에 이번엔 제가 케이블카에 관련된 문제를 하나 내 보겠습니다. 자, 케이블카를 운행하는 이가 둘밖에 탈 수 없는 케이블카로 세 가지를 옮겨야 하는 난처한 상황에 처했지요. 셋 중 하나는 한나라는 이름의 꼬마 돼지고 또 하나는 사납기 짝이 없는 사냥개였답니다. 그리고 마지막으로 산 위의 레스토랑으로 운반할 커다란 생일 케이크가 있었어요. 둘만 탈 수 있는 케이블카니 셋 중 하나만 태우거나 싣고 나머지 둘은 산 밑에 남겨 놓아야 하는데 몇 차례가 됐든 오르내리며 결국에는 셋 모두 무사히 산 위로 옮겨 놓아야 했답니다. 아시겠죠?"

"물론이죠. 누굴 바보로 아십니까?"

창구 직원은 퉁명스럽게 쏘아붙였다.

"사냥개를 꼬마 돼지와 단둘이 남겨 놓았다간 당장 물어뜯을 테고 꼬마 돼지와 케이크를 남겨 두면 케이크가 남아나지 않겠죠. 어떻게 해야 이 셋을 무사히 산 위로 옮길 수 있겠습니까?"

"사냥개가 케이크는 먹지 않나요?"

창구 직원은 고개를 갸우뚱했다.

"아니요. 사냥개는 꼬마 돼지만 노린답니다."

창구 직원은 답이 쉽게 떠오르지 않아 약이 올랐는지 얼굴이 시뻘겋게 달아올랐다.

"답을 알아맞히지 못하시면 케이블카를 공짜로 태워 주시는 건 어떨까요? 그럼 돈을 받기 위해서라도 어떻게든 문제를 풀어야겠다는 생각이 드실 것 같은데."

선생님은 은근히 약 올리는 듯한 말투였다.

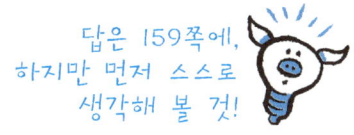

아홉 번째 문제

꽃은 몇 송이?

마침내 창구 직원이 포기하는 바람에 공짜로 케이블카를 타게 되자 똥배 선생님의 기분은 순식간에 좋아졌다.

"논리가 돈을 이긴 셈이로구나. 잘 봤겠지? 머리를 잘 쓰면 이렇게 근사한 방법으로 돈을 절약할 수도 있는 거란다."

선생님은 하비과 함께 마지막 케이블카를 타며 말했다.

바로 앞에는 배배와 차차가 탄 케이블카가 올라가고 있었는데 고소 공포증이 심한 배배는 두 눈을 꼭 감고 있었다.

"배배가 딴생각을 하게 무슨 얘기라도 해 봐. 문제를 하나 내든지 아니면 하늘을 쳐다보게 하든지. 그냥 두지 말고!"

하비는 차차에게 큰 소리로 외쳤다.

차차는 잠시 생각하더니 배배를 잡고 흔들었다.

"야, 눈 좀 떠 봐. 잠깐만!"

"싫어. 눈 뜨면 떨어질 것 같단 말이야."

배배가 신음했다.

"말도 안 되는 소리 작작 해. 보기만 하는데 왜 떨어져?

저 아래 풀밭에 막대 사탕이 잔뜩 있어!"

막대 사탕은 배배가 가장 좋아하는 것이다. 막대 사탕이라는 말을 듣자마자 배배는 눈을 번쩍 떴다.

"어디? 어디 있는데? 내 눈엔 아무것도 안 보이는걸."

"저기 아래 있잖아. 안 보이냐? 하얀색, 파란색 그리고 하얀색과 파란색이 섞인 것도 있는데."

"이런 멍청이, 저게 무슨 막대 사탕이야? 그냥 꽃이잖아. 그리고 파란 막대 사탕이 어디 있냐?"

"일단 눈을 떴으니까 내가 내는 문제를 풀어 봐. 저 밑에 있

는 꽃송이가 전부 합해서 123개라고 쳐. 그리고 내가 저 밑에서 꽃 세 송이를 꺾으면 어디에서 꺾든 그 가운데 적어도 한 송이는 반드시 파란색이라고 하자……. 그럼 하얀색 꽃이 몇 송이고 파란색 꽃은 몇 송인지 그리고 두 가지 색이 섞인 것은 또 몇 송인지 알아맞힐 수 있어?"

배배는 아래에 있는 것이 막대 사탕이 아니라는 사실을 확인하기가 무섭게 다시 두 눈을 감아 버렸다. 그러고는 괴로운 얼굴로 대꾸했다.

"그걸 맞히려고 꼭 아래를 내려다봐야 하는 건 아니잖아. 눈 감고도 얼마든지 생각할 수 있다고!"

답은 160쪽에.
하지만 먼저 스스로
생각해 볼 것!

열 번째 문제
도둑이 들어간 곳

"배배가 이제 좀 진정이 된 것 같구나. 정말 이해가 안 가는 노릇이야. 저렇게 덩치 큰 녀석이 겁은 왜 그리 많은지……."

선생님은 고개를 절레절레 흔들었다.

"분명히 차차가 머리 쓰는 문제를 냈을 거예요. 배배는 머리 쓰는 문제를 풀다 보면 금방 진정이 되거든요."

하비는 차차와 배배가 탄 케이블카를 바라보았다.

"머리를 쓰면 진정이 된다고? 거참, 그런 말은 난생 처음 듣는다."

"선생님도 한번 시험해 보실래요? 정말 효과 만점인 문제를 하나 알고 있는데요."

"좋아, 어디 해 보렴."

선생님은 믿기지 않는다는 표정으로 대답했다.

"이건 수학 문제가 아니고 이야긴데요, 좀 이해가 안 가는 부분이 있을지도 몰라요. 다 들으신 다음에 어떻게 된 얘긴지 알아맞혀 보세요. 말하자면 수수께끼 같은 건데 수학은 필요

없지만 머리는 좀 필요해요."

"네 얘기 알아들을 만큼의 머리는 있으니 염려 말거라."

선생님은 자신만만하게 말했다.

"잘 들어 보세요. 어떤 건물에 도둑이 들었어요. 경비가 아주 삼엄한 건물이었는데 철통같은 경비망을 아주 쉽게 뚫었대요. 도둑은 그 건물에 꽤 오랫동안 머물다가 떠났어요. 그런데 나갈 때도 들어올 때와 마찬가지로 아무런 제지를 받지 않았대요. 심지어 경보음이 울리지도 않았고요. 하지만 만약 도둑이 조금만 더 일찍 그 건물을 떠나려 했더라면 반드시 붙잡히고 말았을 거래요."

"어찌된 영문인지 이해할 수가 없구나."

선생님은 작은 소리로 말했다.

"도둑이 들어간 건물이 어디였는지 알아맞혀 보세요."

선생님은 하비가 낸 문제를 생각하느라 케이블카가 산 위에 도착한 것도 몰랐다.

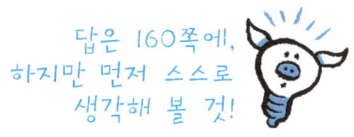

4장 천근만근 휴게소 대작전

토비 골탕 먹이기

학생들이 산 위에 모두 모였다. 케이블카를 공짜로 타게 되어 좋아졌던 선생님의 기분은 다시 바닥으로 곤두박질치고 말았다. 하비가 낸 수수께끼를 풀지 못했기 때문이다. 여학생들은 천근만근 휴게소 안으로 달려 들어가 푸르미 아주머니한테서 하얀색과 분홍색 솜사탕을 샀다. 남학생들은 발코니에 남아서 난간 위를 걷는 위험천만한 놀이를 했다.

난간 아래는 낭떠러지였다.

"다들 썩 내려오지 못하겠느냐? 그러다 떨어져 갈비뼈라도 부러지고 싶은 게냐? 다치기라도 하면 너희 부모님들의 원망은 다 나한테 쏟아질 텐데 그런 일은 절대 사절이다, 이 말썽꾸러기들아!"

선생님은 큰 소리로 호통을 쳤다.

"하지만 여기서 보면 하늘이 정말 잘 보이는걸요. 보세요, 저기 구름 공장이 보이잖아요."

하비는 기가 막히다는 듯 한숨을 쉬었다. 그런 말도 안 되는 소리를 할 만한 바보가 누군지는 안 봐도 뻔했다. 바로 멍청이 토비였다. 아니, 멍청이라는 말로는 부족했다. 바보 천치나 학교 대표 얼간이라는 말이 더 어울릴 것이다. 반면에 토비가 보기에 삼총사는 너무나 잘난 척을 한다. 그래서 얄미워 죽을 지경이지만 한편으로는 자기도 삼총사와 어울리고 싶은 마음이 간절하다. 하지만 토비는 삼총사가 테스트로 낸 문제를 알아맞히지 못하는 바람에 삼총사네 팀에 낄 수 없었다. 사실 그 문제는 별로 어려운 것도 아니었다.

"돼지 둘의 나이를 합하면 열한 살인데 나이 차이는 열 살이야. 둘의 나이를 5분 안에 알아맞혀 봐. 성공하지 못하면 넌 절대로 우리 팀에 들어올 수 없어."

이것이 그때 토비에게 낸 문제였다.

물론 하비는 토비가 그 문제를 5분이 아니라 한 시간을 주더라도 풀지 못할 것이라는 사실을 알고 있었다. 그런 멍청이가 자기네팀에 들어올 수 있을 리가 없지 않은가!

그 일이 있은 이후로 토비는 삼총사를 미워한다. 삼총사도 토비를 싫어한다. 그런데 배배가 토비에게 말을 걸었다.

"하늘에 떠 있는 비행기를 보니까 근사한 문제가 하나 생각나는데, 너 아직도 우리 팀에 들어오고 싶지? 내가 내는 문제 알아맞히면 들어오게 해 줄게."

"너, 미쳤냐?"

하비는 팔꿈치로 배배의 옆구리를 찌르면서 인상을 썼다. 배배는 싱긋 웃더니 속삭였다.

"걱정 마. 토비 머릿속에 든 거라곤 더운 공기뿐이니까."

그리고는 큰 소리로 토비에게 문제를 냈다.

"너 저기 우리 머리 위로 날아가고 있는 비행기들 보이지? 다들 동쪽에서 서쪽을 향해 날아가거나 아니면 반대로 서쪽에서 동쪽을 향해 날아가고 있잖아. 그러니까 살마베르크에서 출발해 매케무초로 날아가거나 아니면 매케무초에서 출발해

살마베르크로 가거나 둘 중 하나인 거지. 알겠어?"

"알아. 내가 뭐 바보인 줄 아냐?"

토비는 퉁명스럽게 대꾸했다.

차차와 하비는 토비 몰래 서로를 바라보며 히죽거렸다.

"좋아, 잘 들어. 어느 날 아침 첫 번째 비행기가 매케무초에서 정확하게 8시 30분에 출발하고 두 번째 비행기는 살마베르크에서 정확하게 9시에 출발했어. 비행 시간은 바람이 불지 않을 때는 딱 한 시간 걸린대. 맞바람이 불 때는 15분 더 걸리고. 마침 그날은 바람이 매케무초에서 살마베르크 방향으로 불었어. 이 두 비행기가 공중에서 서로 스쳐 지나갔을 때 어떤 비행기가 매케무초에 더 가까이 가 있었을까?"

질문을 마친 배배는 토비를 그 자리에 남겨 두고 친구들에게 갔다. 토비가 아무리 고민을 해도 절대로 답을 알아내지 못할 테니까.

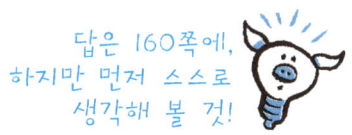

모두 몇 개일까?

 똥배 선생님은 삼총사가 또 토비를 약 올리고 있다는 것을 눈치채었다. 어디서나 나서기 좋아하는 토비가 썩 마음에 드는 건 아니지만 선생님으로서 삼총사의 못된 짓을 눈감아 줄 수는 없는 노릇이었다. 그래서 하비와 차차, 배배를 노려보며 야단을 쳤다.
 "이 녀석들, 너희 머리가 대단히 좋다고 착각하지 말아라. 언제까지나 그렇게 잘난 척할 수 있을 줄 아느냐. 남 골탕 먹이기 좋아하다간 언젠가는 자기가 당하는 법이다."
 "그럼 선생님이 어려운 문제 한번 내 보시든지요."
 배배가 전혀 기죽지 않은 표정으로 선생님에게 말했다.
 "좋다, 아주 쉬운 문제로 하나 내 보마. 초등학교 1학년 학생도 풀 만한 거다. 덧셈은 자신 있겠지?"
 하비와 차차 그리고 배배는 어처구니없다는 듯 코웃음을 치며 눈동자를 굴렸다.
 "그럼 잘 들어 보아라. 어떤 마을에 집이 일곱 채 있는데 각각의 집마다 돼지 일곱이 살고 있단다. 돼지들은 일곱 가지 치즈를 얹은 샌드위치 일곱 개씩을 먹는다. 다 알아들었지?"

"그래서요? 빵집 주인이 그 많은 치즈를 써는 데 시간이 얼마나 걸리는지 계산이라도 해야 하나요?"

하비가 재빨리 선생님에게 물었다.

"아니다. 집부터 시작해서 돼지랑 샌드위치 그리고 치즈까지 이 얘기에 등장하는 모든 것들이 다 합쳐서 몇 개나 되는지 알아맞히는 것이 문제다."

선생님이 말을 마치자 배배가 얼른 나섰다.

"뭐, 별로 어렵지 않겠네요. 치즈를 일곱 개씩 얹은 샌드위치가 일곱 개니까……."

"더 쉽게 계산할 수 있어. 7 곱하기 7 곱하기 7에다가……."

하비는 이맛살을 잔뜩 찌푸린 채 암산에 몰두했다. 그러다 숫자가 점점 커지자 진땀을 흘리기 시작했다. 마침내 계산을 끝냈는지 큰 소리로 외쳤다.

"다 합치면 2401개예요!"

"틀렸다."

건방지기 짝이 없는 삼총사에게 한 방 먹이게 된 선생님은 기분이 좋아 싱긋 웃었다.

"자, 이제 다들 안으로 들어가거라. 으리으리 산에 오르기 전에 간단하게 점심을 먹을 예정이다. 그런데 아마 여기에는 치즈가 일곱 가지나 있지는 않을 거다."

문제를 못 맞힌 것도 속상한데 놀림까지 받다니, 삼총사는 선생님에게 제대로 당하고 만 것이다.

답은 161쪽에, 하지만 먼저 스스로 생각해 볼 것!

열세 번째 문제

2 더하기 2가 3이라고?

"아무리 그러셔도 우릴 산에 데리고 올라가진 못하실거야."
하비가 속삭였다.
"아까 그 문제를 맞혔든 못 맞혔든 등산은 좀 안 하시면 안 되나. 나 영 컨디션이 안 좋은데…… 속도 울렁거리고…… 이런 상태론 등산은커녕 계단 한 층 올라가기도 힘들단 말이야."
배배가 징징거렸다.
"일단 안으로 들어가 뭘 좀 먹고 기운을 내자. 그러고 나서 선생님을 저녁까지 여기 붙잡아 둘 방법을 찾아보는 거야."
하비가 차차와 배배를 돌아보고 말했다.

천근만근 휴게소를 운영하는 푸르미 아주머니. 아주머니의 남편은 꼬마 돼지들이 타고 온 케이블카 운행을 맡고 있으며 딸 에르니는 식당에서 손님들의 시중을 든다. 그리고 아주머니는 주방에서 요리를 담당한다.
학창 시절에 그다지 즐거운 추억이 없는 ─그중에서도 특히 수학 시간을 싫어했던— 푸르미 아주머니는 똥배 선생님이 수학을 가르친다는 사실을 알게 되자 선생님을 골탕 먹이고 싶은 생각이 들었다. 그래서 선생님이 주문한 커피와 음식을 식탁에 내려놓으며 말을 걸었다.

"수학 선생님이면 분명 머리가 아주 좋으시겠어요. 그럼 이런 수수께끼쯤은 식은 죽 먹기겠네요. 어제 우리 목장에서 엄마 둘과 딸 둘이 산책을 하다가 풀밭에 떨어진 사과 세 개를 주웠답니다. 그 사과를 한 개씩 나누어 먹었다는데, 수학 선생님으로서 어떻게 생각하세요?"

선생님은 고기를 천천히 씹으면서 잽싸게 머리를 굴렸다.

"좀 지다리셔야겠즙니다…… 입에 음식이 있저서 말할 주가 없저즌요."

하지만 아무리 생각해도 수수께끼를 풀 수가 없었다. 엄마 둘과 딸 둘이 사과 세 개를 나눴는데 각자 한 개씩 갖다니, 그건 계산상 절대로 불가능하다. 푸르미 아주머니의 얘기를 공식으로 나타낸다면 2 + 2 = 3인 셈인데 그게 말이 되는가!

선생님은 답답해서 머리를 흔들며 어떻게든 시간을 벌 속셈으로 계속해서 음식을 아주 천천히 먹었다.

그 때 하비와 차차 그리고 배배가 다가왔다.

"선생님, 음식 맛있으세요?"

차차가 물었다.

선생님은 입안에 있던 것을 재빨리 삼킨 뒤 삼총사 쪽으로 몸을 숙이고 조그맣게 속삭였다.

"너희 수수께끼 푸는 것 좋아하지? 하나 풀어 볼 테냐?"

삼총사는 고개를 끄덕였다.

"잘 들어라. 엄마 둘과 딸 둘이 산책을 하다가 사과 세 개를 발견했다. 그걸 나누었더니 각자 한 개씩 갖게 되었다는구나."

"그래서요? 대체 수수께끼가 뭔데요?"

하비가 물었다.

"네가 듣기에는 이 얘기가 이상하지 않다는 거냐?"

선생님은 믿을 수 없다는 표정으로 하비를 바라보았다.

"전혀요. 논리적으로 이해 안 가는 부분이 없잖아요."

하비는 아무렇지도 않은 얼굴로 대답했다.

선생님은 두어 번 헛기침을 하고는 망설이며 말을 이었다.

"네가 정말 제대로 알고 있는지 궁금하구나. 물론 말이야 쉽지. 누군들 그렇게 대답 못 하겠느냐."

"선생님은 답을 알고 계시지 않나요? 그리고 저도 알고 있어요. 그럼 된 것 아닌가요?"

하비는 선생님이 곤란해 하는 것을 짐짓 모르는 척하면서 빙글거렸다.

제자에게 도움을 요청해야 하는 처지가 된 선생님은 참으로 난처한 얼굴이 되었다. 선생님은 다시 한 번 헛기침을 하고는 말을 꺼냈다.

"그게 말이다, 흠…… 분명 답을 알았는데 그만…… 그걸 잊어버리고 말았지 뭐냐."

"어떻게 그러실 수가 있어요!"

"그러게 말이다. 네가 알아낸 답을 말해 주면 고맙겠구나."

"당연히 말씀 드려야죠. 그 대신 선생님도 제 부탁을 한 가지 들어주세요."

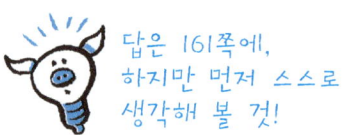
답은 161쪽에,
하지만 먼저 스스로
생각해 볼 것!

왜 얼굴을 씻었을까?

 잠시 후 똥배 선생님이 여기저기 앉아 있는 학생들을 둘러보며 커피 잔을 두들겼다.
 "다들 주목! 등산은 잠시 미룬다. 점심이라 햇볕이 따가운데 산에 오르는 건 건강에 별로 좋지 않을 것 같구나. 게다가 너희처럼 아직 등산에 서투른 꼬마 돼지들한테는 특히 무리일 것 같고."
 "신난다!"
 나기가 고함을 쳤다. 다른 꼬마 돼지들도 다 함께 환호성을 질렀다.
 "등산을 미루자는 제안은 하비가 한 거다. 대신에 시간이 남으니 수학 응용문제를 풀기로 하겠다."
 "말도 안 돼!"
 나기가 비명을 질렀다. 꼬마 돼지들은 하나같이 떫은 감을 씹은 표정이었다.
 "제가 껴도 될까요?"

좀 떨어진 곳에서 푸르미 아주머니가 외쳤다.
"물론입니다, 부인."
"제가 낸 수수께끼는 푸셨나요?"
선생님은 하비를 향해 윙크를 하고는 대답했다.
"당연하죠. 그 수수께끼의 비밀은 가족 관계에 있습니다."
"정말로 답을 알아내셨네요! 계산하는 것과 생각하는 것이 별개라는 사실은 알고 계시죠? 계산하는 건 누구나 배울 수 있지만 생각하는 건 그리 쉽게 배울 수 있는 게 아니잖아요."
"염려 마십시오. 저는 두 가지 다 가르치고 있으니까요."
선생님은 말을 마치자 만족스러운 표정으로 두 손을 배 위에 올려놓은 채 깍지를 꼈다.

"그러시다면 제가 지금 해 드리는 이상한 이야기를 이해하실 수 있겠네요. 제가 방금 두 아이에게 지하실에 내려가 포도주 두 박스를 가져오라고 심부름을 시켰답니다. 그곳이 전에는 석탄을 쌓아 두던 장소라 상당히 더럽지요. 아이들이 지하실에서 나오는데 보니까 한 아이는 얼굴이 더러워졌고 다른 아이는 깨끗했어요. 그런데 그 애들이 일을 마치고 어떻게 했는지 아십니까? 얼굴이 깨끗한 아이는 세수를 하고 더러운 아이는 세수를 하지 않더라고요. 어찌된 영문인지 이해가 되시나요?"

"세수를 안 한 아이는 아마도 평소에 씻기를 싫어하는 녀석일 테죠."

"틀렸습니다. 논리적으로 생각해 보시면 답이 나올 텐데요, 수학 선생님."

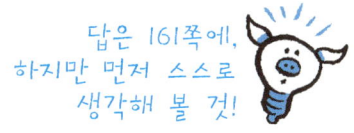

열다섯 번째 문제

누가 거짓말쟁이일까?

한참을 고심하던 선생님은 결국 푸르미 아주머니가 말한 답을 듣고는 찡그린 얼굴로 항의했다.

"부인, 이건 공정하지 않습니다. 수학 문제가 아니잖아요!"

"하지만 논리적으로 대답할 수 있는 문제인 걸요. 제가 항상 강조하는 말이 있어요. 계산보다 생각이 더 중요하다."

"둘 다 중요하지요. 그리고 둘은 서로 떼려야 뗄 수 없는 관계랍니다. 제가 그걸 증명할 수 있는 문제를 하나 내 볼까 하는데요……."

꼬마 돼지들은 신이 났다. 똥배 선생님과 푸르미 아주머니가 누가 더 논리적인지 겨루다니 정말 재미있는 일이었다. 잘하면 선생님이 등산을 하러 왔다는 사실조차 잊어버릴 수도 있지 않은가!

차차가 큰 소리로 외쳤다.

"푸르미 아주머니와 선생님 중 어느 분이 문제를 더 잘 푸는지 시합을 하는 거야. 이기는 분한테는 우리가 커다란 아이스

크림을 사 드리기로 하자!"

선생님은 고개를 저었다.

"이런, 그럼 너희는 편안하게 의자에 앉아 구경만 하겠다는 거냐? 그럴 순 없다. 시합을 하려거든 다 함께 참가하는 걸로 해야지. 번갈아 가면서 문제를 내기로 하고 문제를 가장 먼저 푸는 학생은……"

"산에 안 올라가도 되는 걸로 해요!"

배배가 얼른 소리쳤다.

"더 나은 생각이 없다면 그렇게 하렴. 자, 그럼 시작하자."

푸르미 아주머니가 먼저 문제를 냈다.

"이 산속에 외딴 마을이 하나 있는데 거기에 사는 돼지의 숫자가 모두 100이라고 하자. 그 가운데 일부는 항상 사실만 말하고 나머지는 항상 거짓말만 한단다. 마을을 지나가게 된 어떤 여행객이 첫 번째로 만난 돼지에게 그 마을에 사는 거짓말쟁이가 몇이나 되냐고 묻자 그 돼지가 딱 하나뿐이라고 대답하더란다. 두 번째로 만난 돼지에게 똑같은 질문을 했더니 정확하게 둘이라고 대답했다는구나. 그렇게 세 번째 돼지는 셋이라고 하고 네 번째 돼지는 넷이라고 대답하는 식으로 이어지다가 마지막으로 백 번째 돼지에게 물었더니 거짓말쟁이 숫자는 100이라고 하더란다. 그 마을에 사는 거짓말쟁이는 몇이나 될까?"

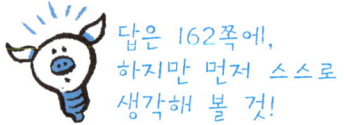
답은 162쪽에.
하지만 먼저 스스로
생각해 볼 것!

열여섯 번째 문제

많은 설탕은 없다?

아주머니가 낸 문제를 맨 처음으로 알아맞힌 것은 하비였다. 배배는 부러운 눈빛으로 하비를 쳐다보았다.

"넌 이제 등산 안 해서 좋겠다. 내가 알아맞힐 수 있는 문제가 나오기만 바라야지."

똥배 선생님은 기분이 최고였다.

"보십시오. 계산과 논리적인 생각이 별개가 아니라는 사실을 분명하게 보여 주는 좋은 예라고 할 수 있지 않습니까?"

선생님은 하비가 자기 학생이라는 사실이 못내 자랑스러운지 푸르미 아주머니에게 하비의 칭찬을 늘어놓았다.

"그렇게 대단한 학생을 가르치는 선생님이 왜 먼저 답을 못 찾으셨을까요?"

아주머니가 비꼬는 투로 물었다.

선생님은 얼굴이 벌겋게 상기되었다. 물론 실내가 더워서 그런 것은 결코 아니었다. 학생들 앞에서 그런 핀잔을 듣자니 좀 창피했기 때문이다.

그래서 건방지기 짝이 없는 푸르미 아주머니가 입도 뻥끗 못 할 만큼 까다로운 문제를 생각해 내려고 궁리에 궁리를 거듭했다. 그러나 마땅한 문제가 선뜻 머리에 떠오르지 않자 초조한 나머지 몸을 이리저리 흔들다가 그만 식탁 위에 있던 설탕 통을 쓰러뜨리고 말았다. 식탁 위에 쏟아진 설탕을 보자 아주머니는 선생님에게 짜증을 냈다.

"보세요! 무슨 일을 저지르셨는지. 애들 앞에서 본보기가 되어야 할 분이 잠시도 가만있지 못하는 어린애처럼 이런 말썽을 부리시다니요. 이제 이 많은 설탕을 누가 치웁니까?"

그 말을 듣자 기막힌 생각이 선생님의 머리를 스쳤다.

"잠깐만요. 많은 설탕이라니요? 많은 설탕이란 원칙적으로 존재하지 않습니다!"

"뭐라고요? 그럼 여기 이건 뭔가요? 눈으로 쌓은 성이라도 되나요?"

"잠깐 진정하시고 제 말을 들어 보십시오. 여기에도 논리를 적용할 수가 있답니다."

선생님은 입가에 흐뭇한 미소를 띤 채 푸르미 아주머니에게 물었다.

"이게 정말로 많은 설탕이라면 여기서 제가 설탕 알갱이 몇 개를 덜어 낸 후에는 어떻게 될까요?"

"물론 그래도 많은 설탕이죠!"

"제가 몇 알갱이 더 덜어 내면요?"

"그래도요."

"또 몇 알갱이를……"

"많은 설탕이라니까요!"

아주머니는 선생님이 말을 마치기도 전에 소리쳤다.

"또 몇……"

"많다고요!"

이번에도 푸르미 아주머니는 선생님이 입을 열기가 무섭게 대답했다.

똥배 선생님과 푸르미 아주머니가 입씨름을 계속하는 동안 문제가 되고 있는 설탕의 양은 점점 줄어들어 마침내 몇 알갱이밖에 남지 않게 되었다. 그러자 선생님이 의기양양한 목소리로 외쳤다.

"이제 내가 설탕 몇 알갱이를 마저 치운다면 설탕 알갱이가 딱 한 개만 남습니다. 알갱이 하나를 많은 설탕이라고 할 순 없겠죠? 그러니까 논리적으로 따질 때 결론은 하납니다. 많은 설탕은 존재하지 않는다!"

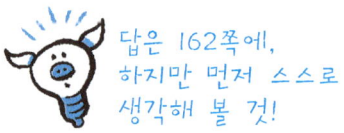
답은 162쪽에. 하지만 먼저 스스로 생각해 볼 것!

열일곱 번째 문제

케이크 나누기

푸르미 아주머니는 말문이 막혔는지 아무런 대꾸도 하지 못했다.

"많은 설탕이 존재하지 않는 이상 제가 많은 설탕을 치울 필요는 없겠지요?"

선생님이 뽐내는 얼굴로 물었다. 푸르미 아주머니는 선생님의 논리를 받아들일 수밖에 없어서 화가 난 것 같았다. 선생님의 이론에 따르면 존재하지 않는 바로 그 '많은 설탕'을 치우는 것은 이제 푸르미 아주머니의 몫이 되어 버렸기 때문이다. 반면에 학생들은 선생님을 새삼 존경의 눈초리로 쳐다보았다. 선생님이 그렇게 멋진 솜씨로 푸르미 아주머니를 한 방 먹일 거라고는 아무도 예상하지 못했다.

"자, 내가 이긴 기념으로 달처럼 둥글고 먹음직스러운 치즈 케이크를 한 판 사 주마. 그냥 넘어갈 수는 없지."

선생님은 주위를 둘러보며 말했다.

"우리 가게에 둥근 치즈 케이크는 없는데요."

푸르미 아주머니가 퉁명스럽게 쏘아붙였다.

"패배를 깨끗이 인정하는 미덕을 보이셔야지요. 둥근 게 없으면 다른 모양이라도 괜찮습니다."

푸르미 아주머니는 부엌으로 가더니 잠시 후 정사각형 모양의 커다란 케이크 한 판을 들고 돌아왔다.

"여기 있습니다. 몇 조각이나 필요하세요?"

"한 판 다 주십시오. 학생이 열에 선생 하나, 부인께서도 한 조각 드셔야죠. 제가 화해의 표시로 대접하겠습니다."

"친절도 하시군요."

아주머니는 짤막한 대꾸와 함께 칼을 집어 들었다.

"잠깐만 기다리십시오, 이것도 수학 문제로 낼 수 있겠는걸요. 케이크를 열두 조각 내려면 칼질을 몇 번이나 해야 할 것 같습니까?"

똥배 선생님이 푸르미 아주머니를 바라보며 물었다.

"케이크를 판 위에 그대로 둔 채 열두 조각으로 나누려면 칼질을 다섯 번 해야죠."

"제 생각은 다릅니다. 네 번만 해도 열두 조각이 되거든요."

"절대로 그럴 리 없어요!"

아주머니는 믿을 수 없다는 듯 외쳤다.

"수학에서 '절대로'란 말은 절대로 하시는 게 아닙니다."

선생님은 단호한 표정으로 말했다.

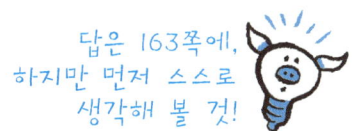
답은 163쪽에, 하지만 먼저 스스로 생각해 볼 것!

얼마를 내야 할까?

"하지만 케이크 조각의 크기가 다르잖아요!"

답을 듣고 난 아주머니가 선생님에게 따졌다.

"제가 언제 똑같은 크기로 잘라야 한다고 했습니까? 몇 번 잘라서 열두 조각을 낼 수 있느냐가 문제였지요. 어쨌든 제 답대로 네 번 잘라서 열 두 조각이 된 것은 맞지 않습니까."

선생님은 조금도 당황하는 기색 없이 대답했다.

열두 개로 나뉜 케이크 조각 중 가장자리에 있는 조각 네 개가 다른 것들보다 훨씬 컸는데 그중 하나는 물론 선생님 차지였다. 그리고 나머지 세 개는 하비와 배배 그리고 차차에게 돌아갔다. 삼총사는 자기들이 당연히 그만한 대접을 받을 권리가 있다고 생각했고 아무도 이의를 제기하지 않았다. 선생님이 여태까지 등산하자는 말을 꺼내지 않은 것은 순전히 삼총사의 지연 작전 덕분이 아닌가!

하지만 이제 더 이상 얼렁뚱땅 넘어가기는 힘들게 되었다. 선생님이 창밖을 내다보더니 아이들을 둘러보며 이렇게 말을 한 것이다.

"정오가 지난 지 꽤 됐으니 슬슬 움직여 볼까. 자, 다들 남은 케이크를 마저 먹고 얼른 일어나거라. 이렇게 꾸물대다간 산에 너무 늦게 올라가겠다."

삼총사는 긴급회의를 하기 위해 모여 앉았다. 배배가 투덜거렸다.

"에이, 짜증 나. 아무래도 등산을 피하긴 어려울 것 같은데. 그럼 애들이 대신 내준 점심 값을 물어내야 하잖아. 차차, 무슨 좋은 생각 없냐? 하비, 너는 어때?"

차차는 답답하다는 얼굴로 고개를 저었다. 갑자기 하비가 벌떡 일어나더니 주방을 향해 걷기 시작했다. 배배가 얼른 뒤따르며 물었다.

"뭐 하려고 그래?"

"우리한테 좋은 생각이 안 떠오르니, 우리를 도와줄 구원병을 찾아야지."

하비는 속삭이는 목소리로 대답하더니 슬며시 주방 안으로 들어갔다.

"그러니까 여기 더 있을 방법을 찾는단 말이지?"

하비로부터 모든 얘기를 들은 푸르미 아주머니가 말했다.

"나야 좋지. 더 머물겠다는 손님을 거절할 리가 있나. 염려 말아라. 너희 선생님은 내가 어떻게든 해 볼 테니까."

잠시 후 푸르미 아주머니는 선생님이 앉아 있는 식탁으로 다가가 계산서를 내밀었다.

"여기 있습니다. 학생들 다리 수를 4로 나눈 다음 두 배 한 값의 절반에 3을 곱한 것이 전체 비용이에요."

그리고는 선생님 앞에 누르스름한 액체가 든 잔을 내려놓으며 한마디 덧붙였다.

"그리고 이건 저희 휴게소에서 서비스로 드리는 겁니다."

"이게 뭡니까?"

선생님이 의아한 표정으로 물었다.

"약초 시럽이에요. 건강엔 그만이죠."

선생님은 앞에 놓인 잔을 집어 들어 단숨에 마신 뒤 눈을 몇 번 깜빡였다.

"야……야……약……초……뭐라고요?"

"어머나, 잘못 가져왔나 보네요."

푸르미 아주머니는 잔을 코에 갖다 대고 냄새를 맡는 시늉을 하더니 시치미를 뚝 떼고 말했다.

"약초 술 냄새가 나는 걸요. 이걸 한꺼번에 다 들이키다니 대단하시군요. 어쨌든 이제 저한테 지불하실 비용이 얼마인지나 계산해 보시죠."

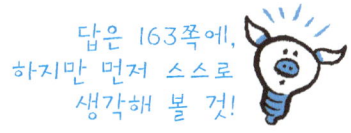

5장
푸르미 아주머니가 내 준 숙제

열아홉 번째 문제

오래된 저울로 설탕 달기

약초로 담근 이상한 술을 마신 선생님은 갑자기 졸음이 오는지 책상에 엎드리면서 중얼거렸다.

"잠시 눈 좀 붙여야 하……"

삼총사는 걱정스러운 눈길로 선생님을 보았다.

"선생님한테 설마 무슨 일이 생기는 건 아니죠?"

하비가 물었다.

"생기긴 무슨 일이 생긴다고 그래. 잠깐 주무시고 나면 멀쩡하실 거다. 이 약초 술을 처음 마시면 다들 곯아떨어지지."

푸르미 아주머니의 말을 들은 학생들은 안심했다. 잠시 후 아주머니는 커다란 상자 하나를 가져오더니 상자에서 여러 가지 게임 판을 주섬주섬 꺼냈다.

"자, 여기서 마음에 드는 게임으로 골라서 놀고 있으렴. 체스도 있고 주사위도 있고 도미노도 있다."

아이들이 상자 주위로 모여들자 푸르미 아주머니는 삼총사에게 손짓을 했다.

"내가 너희를 도와주었으니 이제 너희 차례지? 주방으로 와서 나를 좀 도와다오. 백지장도 맞들면 낫다는 말이 있으니 너희 손 좀 빌리자꾸나."

삼총사는 내키지 않았지만 어쩔 도리 없이 푸르미 아주머니를 따라 주방으로 갔다. 주방에 도착하자 부인은 설탕 자루를 가리키면서 말했다.

"작은 문제가 생겨서 너희가 도와줘야겠다. 오늘 오후에 사과 케이크를 구워야 하는데 설탕이 정확하게 2파운드 필요하단다. 그런데 하필 저울이 고장 나고 말았지 뭐냐. 오래된 저울이 하나 있긴 한데 양쪽 저울대의 길이가 다르단다. 그러니 무게를 정확하게 달아 볼 수도 없고. 어쩌면 좋을지 궁리해 보렴. 너희가 반에서 제일 머리 좋은 학생들이라며."

말을 마친 아주머니는 삼총사를 커다란 탁자가 있는 곳으로 데려갔다. 탁자 위에는 오래된 저울과 1파운드짜리 저울추 그리고 종이 봉지 몇 개가 놓여 있었다. 배배가 하비의 어깨를 툭 치며 말했다.

"네가 얼마나 똑똑한지 증명할 절호의 기회야."

"왜 나한테만 그러냐? 우리 셋한테 하신 말씀이잖아. 너도 들었으면서 그래."

하비가 손사래를 쳤다.

배배는 한쪽 저울판에 1파운드 저울추를 올려놓고 다른 쪽에는 설탕을 가득 담은 종이 봉지를 올려놓은 다음 저울이 평형을 이룰 때까지 종이 봉지에서 설탕을 조금씩 덜어냈다. 그리고 곰곰이 생각하는 표정으로 중얼거렸다.

"이제 평형이 됐다고는 해도 저울대의 길이가 다르니 소용이 없을 것 같은데. 종이 봉지 안에 있는 설탕이 얼마나 되는지 알 수가 없잖아. 1파운드인지, 2파운드인지 아니면 3파운드인지······."

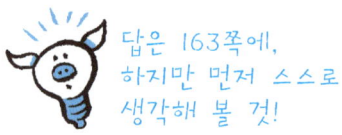
답은 163쪽에.
하지만 먼저 스스로
생각해 볼 것!

스무 번째 문제
벌레가 먹은 책

영리한 차차가 마침내 묘안을 생각해 냈다. 그리고 자랑스러운 얼굴로 푸르미 아주머니에게 정확히 1파운드씩 설탕을 담은 종이 봉지 두 개를 들고 갔다.

"대단하구나! 정말 똑똑해. 학교에서 배우는 게 쓸모가 있긴 한가 보다."

아주머니가 감탄했다.

"학교 다니기 전에도 많이 알고 있었어요."

차차가 싱긋 웃으며 말했다.

"자, 이제 케이크 굽는 걸 거들면 되겠구나."

"그런 건 여학생들이나 하는 일이죠."

배배가 말도 안 된다는 듯 고개를 흔들었다.

"그럼 남학생이 할 일은 먹는 일이냐?"

푸르미 아주머니는 의미심장한 눈길로 배배의 불룩 튀어나온 배를 쳐다보았다.

"자, 토실이 네가 책장으로 가서 요리책을 꺼내 사과 케이크 굽는 법을 찾아보렴. 만든 지 너무 오래 되어서 기억이 안 나는구나."

배배가 책장으로 가서 요리책을 찾아보니 전부 다섯 권이었는데 백과사전처럼 알파벳 순서대로 꽂혀 있었다. 그리고 겉표지에는 각 권에 실린 요리법의 내용이 적혀 있었다. 배배는 사과 케이크 굽는 법이 적혀 있을 만한 책을 책장에서 빼냈다. 책을 펼치자 하얀 가루가 부슬부슬 옷깃에 떨어졌다.

"윽, 이게 대체 뭐야?"

배배는 기겁을 하고 외치면서 얼른 푸르미 아주머니에게 책을 건넸다.

"책벌레겠지. 벌써 몇 년째 내 요리책을 갉아먹고 있단다."

아주머니는 책을 받아 들더니 배배에게 물었다.

"책벌레 얘기가 나왔으니 말인데 어디, 네가 얼마나 똑똑한 학생인지 시험해 볼까? 이 책벌레가 왼쪽부터 순서대로 꽂혀

있는 요리책을 갉아먹는데 어느 날 아침 첫 번째 책의 앞 표지부터 갉아먹기 시작해서 저녁에 두 번째 책의 마지막 쪽에 이르렀다면 그 벌레는 총 몇 센티미터를 갉아먹은 걸까?"

"그걸 알아맞히려면 책 두께가 얼마나 되는지 알아야죠."

배배가 대답했다.

"책 표지는 1센티미터씩이고 가운데 두께는 6센티미터다."

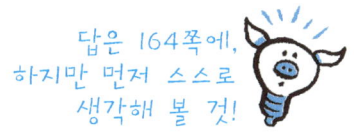

스물한 번째 문제

맛있는 레모네이드를 만들자!

케이크 반죽을 끝낸 푸르미 아주머니는 오븐에 빵틀을 집어넣은 뒤 삼총사를 둘러보며 말했다.

"이제 저녁 식탁에 놓을 레모네이드를 만들어야겠다. 저녁에 쓸 음료는 그날 오후에 만들어야 신선하단다. 레몬과 설탕 그리고 물이 필요한데…… 설탕은 여기 있고 레몬도 준비되었는데 물이 문제로구나. 정확하게 4리터가 필요하거든."

"그게 왜 문제가 되는데요?"

차차가 물었다.

"물통이 3리터짜리랑 5리터짜리밖에 없거든."

"5리터 통에 물을 가득 채운 다음에 5분의 1만 덜어 내면 되잖아요."

"얼마만큼이 5분의 1인지 무슨 수로 안단 말이냐?"

아주머니는 코웃음을 쳤다.

"적당히 눈대중으로 하면 되죠. 우리 눈은 뭐 장식인가요?"

차차가 조금도 지지 않고 말을 받았다.

 "그럴 순 없다. 레모네이드는 양을 정확하게 지켜야만 하거든. 안 그러면 맛이 없단다. 어떻게 하면 물통에 물을 4리터 담을 수 있는지 어서 궁리해 보렴."
 푸르미 아주머니는 진지한 얼굴로 삼총사를 재촉했다.

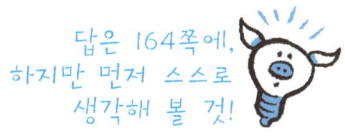

스물두 번째 문제

무엇이 뒤바뀐 걸까?

스물세 번째 문제
정확히 10분!

그림을 뚫어져라 쳐다보고 있는 삼총사에게 푸르미 아주머니가 말했다.

"얘들아, 이런 문제는 집중력을 훈련하는 데 최고란다. 나랑 내 동생 노르미가 부모님과 함께 살던 시절 우리는 매일 아침 이런 문제를 풀었지. 아버지는 아침마다 우리에게 10초를 주시고 식탁 위를 잘 살펴보라고 하셨어. 10초가 지나면 등을 돌리라고 하신 다음 식탁 위에 있는 물건의 위치를 바꾸거나 무언가를 감추셨단다. 얼른 눈에 띄지 않는 뭔가 작은 걸로 말이야. 그러고 나서는 다시 등을 돌리라고 해서 달라진 게 무언지 알아맞히라고 하셨지. 그렇게 몇 달이 지나니 아주 작은 빵 조각 하나라도 위치가 달라지면 알아차릴 수 있더구나."

"재미있겠는데요. 저희도 한번 해 볼게요."

하비가 제안했다.

삼총사는 식탁 위를 주의 깊게 살펴본 다음 등을 돌렸다.

푸르미 아주머니는 빙그레 웃고는 수저 하나를 살짝 다른

곳으로 밀어 놓았다.

"이제 뭐가 달라졌는지 알아맞혀 보렴."

삼총사가 몸을 돌려 몇 분이나 식탁 위를 살펴보아도 달라진 게 무언지 알아낼 수 없자 드디어 포기하고 말았다.

"하루아침에 되는 게 아니다. 연습을 많이 해야지. 이런 걸 연습하면 너희한테 보탬이 될 거다. 좋은 머리를 유지하려면 집중력도 길러야 하니까. 하지만 이제 레모네이드 만들 물을 끓여야 하니 그만하자."

부인은 물 4리터를 큰 주전자에 담아 가스레인지 위에 올려놓으며 삼총사에게 단단히 일렀다.

"가스레인지를 켠 다음 정확히 10분 동안만 불 위에 두어야 한다. 더도 말고 덜도 말고 딱 10분이다. 알겠지? 그 사이 나는 지하실에 좀 다녀오마."

"시계가 어디 있는데요?"

배배가 주위를 두리번거리며 물었다.

"여기 오래 전부터 쓰던 모래시계가 두 개 있다. 오래된 것이긴 하지만 시간은 아주 정확하단다. 하나는 모래가 다 떨어지는 데 8분이 걸리고 다른 건 9분이 걸리지."

부인은 모래시계 두 개를 갖다 주면서 말했다.

"이걸로 정확하게 10분을 잴 수 있을 거라고 생각하세요?"

"조금만 머리를 쓰면 얼마든지 그럴 수 있지."

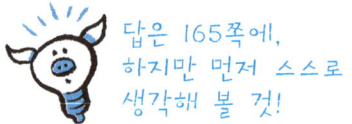

답은 165쪽에,
하지만 먼저 스스로
생각해 볼 것!

스물네 번째 문제

잔을 골고루 섞는 방법

지하실에 다녀온 부인은 삼총사가 어떤 방법으로 물을 10분간 끓였는지를 듣고는 무척 만족스러워했다.

"잘 했다! 이제 레몬즙 짜는 일만 남았구나. 그럼 너희가 주방에서 할 일은 끝나는 셈이다. 너희가 지루해 하지 않으려면 그 일 할 때도 수학 수수께끼 문제가 필요하겠지?"

하비가 재빨리 대꾸했다.

"물론이죠. 예를 들면 이런 거요? 돼지 셋에서 일곱 시간 동안 레몬 63개의 즙을 짤 수 있다. 그러면 돼지 열둘은 반 시간 동안 몇 개나 되는 레몬의 즙을 짤 수 있을까? 참고로 그중에 절반은 손목을 삐었다고 한다. 에이, 그런 문제는 사양이에요. 똥배 선생님 수학 시간에 지겹도록 푸는 걸요."

"열여덟 개다."

"열여덟 개라니, 뭐가요?"

배배가 어리둥절한 표정으로 물었다.

"하비가 말한 문제의 돼지 열둘이 반 시간 동안 즙을 짤 수 있는 레몬의 개수 말이다. 물론 손목을 베었다는 여섯이 전부 오른손잡이고 벤 것은 모두 왼손이라는 가정 하에서지만. 그런 말 같지도 않은 문제 가지고 너희랑 입씨름할 생각 없다. 각자 레몬을 짜서 즙을 잔에 담아라. 잔이 가득 차면 내가 문제를 하나 내마."

삼총사가 레몬즙을 짜서 각자의 앞에 놓인 잔을 가득 채우자 푸르미 아주머니는 빈 잔 세 개를 가져다 그 옆에 나란히 늘어놓았다.

"자, 여기 잔이 여섯 개 있는데 너희도 보다시피 왼쪽에 있는 세 개는 레몬즙이 담긴 것이고 오른쪽에 있는 세 개는 빈 잔이다. 잔을 최소한으로 움직여서 레몬즙이 담긴 잔과 빈 잔을 골고루 섞어 놓으려면 어떻게 해야겠느냐?"

"적어도 잔을 세 개는 움직여야 할 것 같은데요."
하비가 잠깐 생각하더니 대답했다.
"내 생각엔 한 개면 될 것 같은데, 내기할까?"
아주머니가 큰 소리로 웃으며 말했다.
"에이, 말도 안 돼요. 절대 그럴 리 없어요!"
하비는 단호하게 말했다.

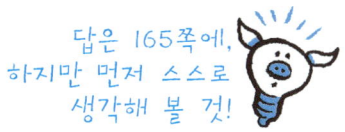

스물다섯 번째 문제

둘은 어떤 관계?

그때 낯선 이들이 주방으로 고개를 디밀더니 푸르미 아주머니를 보고 반갑게 소리쳤다.

"그동안 잘 지내셨습니까? 이렇게 또 뵙게 되어서 얼마나 기쁜지 모르겠습니다."

"혹시 늘 맛있게 만드셨던 사과 케이크 좀 남아 있나요?"

"마침 잘 됐네요. 지금 굽고 있는 중이랍니다."

푸르미 아주머니는 반갑게 대답했다.

"여기는 오늘 주방 일을 거드는 꼬마들이랍니다. 식당에 앉아 계세요. 하던 일만 마치고 바로 나갈게요."

"저분들은 누구예요?"

배배가 손님들 쪽을 바라보며 물었다.

"오래된 단골이야. 일 년에 한 번씩은 반드시 들르는 손님들이지. 참, 둘 중 한 손님은 다른 손님 아들의 아버지란다."

배배는 어안이 벙벙한 얼굴로 푸르미 아주머니를 잠시 쳐다보았다.

"뭐라고 하셨어요? 좀더 쉽게 알려 주시면 안 되나요?"

"물론 안 될 거야 없지. 하지만 난 너희가 무척 똑똑한 줄 알았는데."

옆에서 그 말을 듣고 있던 하비가 끼어들었다.

"바로 보셨어요. 그럼 두 손님이 어떤 관계인지 제가 알아맞힐 테니까 제 답이 맞으면 저희를 주방 일에서 그만 해방시켜 주세요."

"알았다. 그런데 난 너희가 주방에서 날 도와주는 걸 재미있어 할 거라고 생각해서 그런 거야."

"재미가 없어서 그러는 게 아니고요, 이제 슬슬 나가서 선생님이 괜찮으신지 살펴봐야 할 것 같아서요. 좀 전에 말씀하신 그 손님의 아들에게는 할아버지가 있는데 그분이 바로 다른 손님의 장인이실걸요."

하비가 확신에 찬 어조로 말했다.

"정확하게 맞혔구나. 자, 이제 식당으로 나가도 된다. 그리고 각자 레모네이드 한 잔씩 가져가렴."

삼총사가 식당으로 돌아와 보니 커다란 식당 안은 사방을 뛰어다니며 노는 꼬마 돼지들의 비명과 노랫소리로 정신이 하나도 없었다.

똥배 선생님은 주변의 소란에도 불구하고 구석에서 요란하게 코를 골며 여전히 꿈나라를 여행 중이었다.

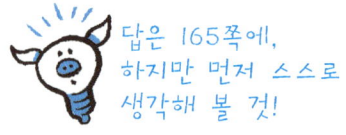
답은 165쪽에.
하지만 먼저 스스로
생각해 볼 것!

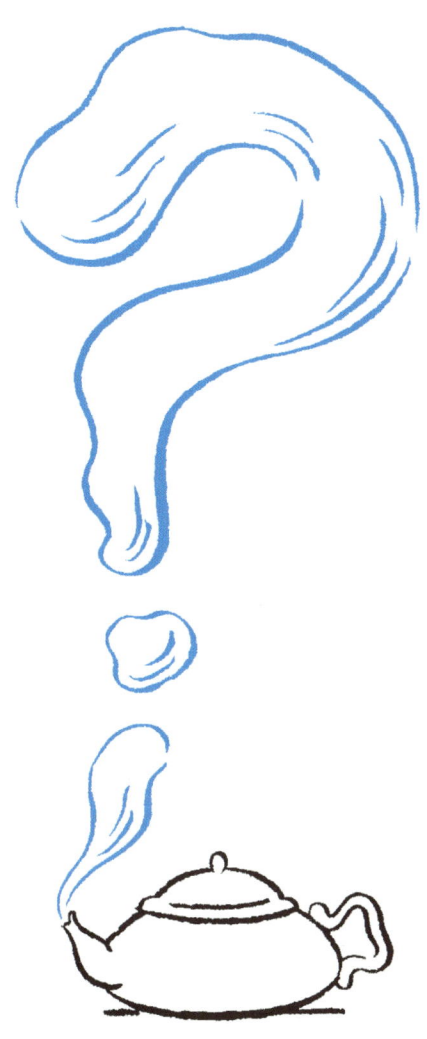

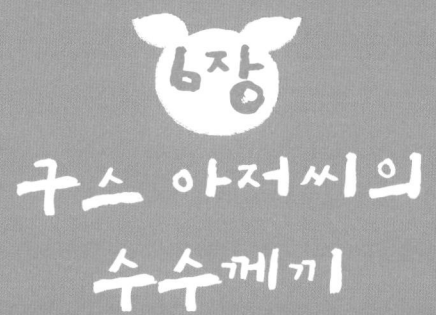

6장
구스 아저씨의 수수께끼

스물여섯 번째 문제
케이블카의 비밀

방금 전 주방에서 잠깐 보았던 손님들이 삼총사에게 식탁으로 가까이 오라는 손짓을 했다. 삼총사가 다가가자 아저씨는 자기소개를 했다.

"애들아, 내 이름은 구스구스야. 그냥 구스 아저씨라고 부르렴. 이쪽은 내 아내 수산야란다. 다들 웬일로 천근만근 휴게소까지 왔는지 궁금해서 물어보려고 불렀다."

하비는 어떻게 해서 그곳에 오게 되었는지 설명했다.

"그러니까 이리로 소풍을 온 거란 말이지. 우리 학교 다닐

때도 산에 갔던 기억이 어렴풋이 나는구나. 끔찍했지. 나무가 빽빽하게 우거진 숲 속을 지나면서 눈에 띄는 꽃이랑 나무 이름을 죄다 읊어야 했단다."

구스 아저씨는 고개를 절레절레 흔들었다.

"으리으리 산에 오르기도 했지."

수산야 아주머니가 얼른 덧붙였다.

"요즘도 그래요. 하지만 저희는 사양하겠어요. 케이블카를 타고 가는 것이 아니라면 산에는 절대로 올라가지 않을 작정이거든요."

배배가 단호하게 말했다.

하비는 갑자기 어떤 생각이 떠올랐다.

"으리으리 산을 오르내리는 케이블카가 모두 몇 대인지 아시나요?"

아저씨와 아주머니는 고개를 흔들었다.

"제가 세어 보았는데 정확히 서른여섯 대예요. 케이블카를 타고 올라오는 동안 다른 케이블카와 몇 차례나 마주쳤는지 혹시 세어 보셨어요?"

"아니. 케이블카를 타고 올라가면서 누가 그런 걸 세고 있겠느냐?"

"저도 세어 보지는 않았지만 그래도 말씀드릴 수 있어요. 다른 케이블카와 마주치는 횟수는 항상 같을 수밖에 없거든요."

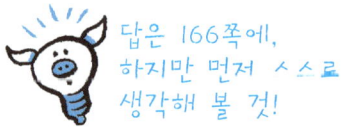

답은 166쪽에. 하지만 먼저 스스로 생각해 볼 것!

어떤 표를 원하십니까?

"굉장하구나. 정말 영리해!"

구스 아저씨가 감탄했다.

"그럼 내가 내는 수수께끼를 충분히 알아맞힐 수 있겠는걸. 너희도 알겠지만 여기서 운행하는 케이블카 승차권은 4인용 티켓과 1인용 티켓, 두 가지만 있다. 4인용은 만 원이고 1인용은 삼천 원이지. 아까 밑에 있는 매표소에서 표를 사려고 매표소 직원에게 내가 만 원을 냈단다. 그 직원은 나한테 어떤 표를 원하는지 묻지도 않고 바로 4인용 티켓을 주더구나. 내가 4인용 티켓을 사려고 하는 걸 도대체 어떻게 알았을까? 독심술이라도 한 걸까?"

"분명 그건 아닐걸요. 아주머니가 옆에 계시는 걸 봤으니 아저씨가 1인용 티켓을 사실 리가 없다고 생각했겠죠."

하비가 자신 있는 목소리로 말했다.

"보지 못했다. 수산야는 나보다 몇 분 늦게 정류장에 도착했거든."

"푸르미 아주머니 말씀으로는 두 분이 오래된 단골이시라는데요. 항상 부인과 함께 케이블카를 타셨으니까 이번에도 창구 직원이 아저씨 얼굴을 알아보고……"

하비는 조금 자신감을 잃은 것 같았다.

"아니, 케이블카를 타고 온 건 이번이 처음이다."

"……아니면 창구 직원에게 은밀하게 무슨 신호를 보내신 것 아닌가요?"

차차가 나섰다.

"아니. 아무 신호도 보내지 않았다."

구스 아저씨는 쩔쩔매는 삼총사를 보며 웃음을 참았다.

"……어쩌면 창구에 4인용 티켓밖에 안 남아 있어서 그런 것 아닐까요?"

보다 못한 배배도 한마디 거들었다.

"다 틀렸다. 굉장히 영리한 줄 알았더니 아무래도 그건 아닌 모양이로구나."

삼총사는 머리를 쥐어짜 보았지만 도무지 어찌된 영문인지 알아낼 수가 없었다. 정말 망신이었다. 돼지 학교에서 가장 똑똑한 학생이라고 칭송이 자자했던 삼총사의 명예에 먹칠을 하는 순간이었다.

하지만 아무리 머리를 굴려도 답이 떠오르지 않자 셋 다 결국 포기하는 수밖에 없었다.

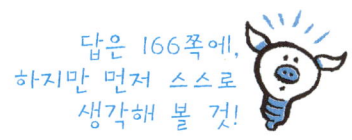

답은 166쪽에, 하지만 먼저 스스로 생각해 볼 것!

앞으로 한 번, 뒤로 한 번

"저희가 보기 좋게 한 방 먹었는걸요."
하비가 감탄하는 눈길로 구스 아저씨를 바라보며 말했다.
"이런 일은 정말 드문 일인데, 축하드려요."
"고맙다. 우리가 사실 수수께끼나 퀴즈를 좋아한단다. 그렇지, 여보?"
아저씨는 미소 띤 얼굴로 아주머니를 보며 물었다.
"그럼 지난겨울에 여기서 있었던 일 생각나세요? 우리가 평소에 머리 쓰는 걸 좋아했기에 망정이지 아니었으면 정말 오도 가도 못할 상황이었잖아요."
수산야 아주머니가 고개를 끄덕이면서 말했다.
"당신 말이 맞아. 우리가 없었더라면 정말 혼났을 거야."
"지난겨울에 무슨 일이 있었는데요?"
궁금증을 이기지 못한 차차가 물었다.
구스 아저씨는 기억을 되살리는 듯 두 눈을 가늘게 뜨고 이야기를 시작했다.

"날이 너무 추워서 케이블카 운행이 안 될 때였다. 그러니 천근만근 휴게소에 필요한 식량을 다른 방법으로 날라야 했단다. 눈이 어찌나 많이 왔던지 발목까지 푹푹 파묻히니 걸어서 올라갈 수도 없는 형편이었지. 그래서 푸르미 씨가 휴게소까지 제설차를 몰고 올라갔단다. 길이 워낙 좁아 겨우 차 한 대가 지나갈 정도였는데, 우리는 자동차를 타고 푸르미 씨가 운전하는 제설차 뒤를 따라갔단다. 휴게소에서 하룻밤 머물고 다음 날 아침 산 아래 마을로 내려갈 때였지. 제설차가 앞장서고 그 뒤를 우리가 자동차를 타고 따라가고 있었는데 맞은편에서 차 두 대가 오고 있지 뭐냐.

길이 좁으니 우리가 다시 휴게소까지 올라가거나 그 차들이 마을로 되돌아가야 할

상황이었는데 어느 쪽도 그렇게 할 생각이 없었단다. 그러니 서로 상대방에게 양보하라면서 싸움이라도 한판 붙을 기세였지. 그런데 다행히도 우리가 마주친 지점에 길옆으로 불룩하게 튀어나온 작은 공터가 있었단다. 자동차 한 대 정도가 비켜서 있을 만한 정도의 공간이었지. 어떻게 하면 차로 전진, 후진하는 걸 최소한으로 줄이면서 서로 비켜 갈 수가 있겠느냐?"

"전진, 후진을 몇 번이나 하셨는데요?"

하비가 물었다.

"우리는 앞으로 한 번, 뒤로 한 번 갔었단다."

수산야 아주머니가 알려 주었다.

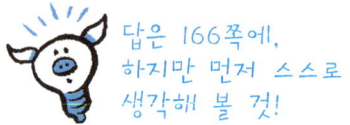
답은 166쪽에,
하지만 먼저 스스로
생각해 볼 것!

스물아홉 번째 문제
아저씨는 독심술의 대가?

하비의 쌍둥이 여동생인 나기와 누기는 삼총사가 두 손님과 대화를 나누는 것을 보고 식탁으로 다가왔다.

"우린 심심해 죽을 지경이야."

둘은 동시에 입을 열어 불평했다.

"게임은 벌써 한 번씩 다 해서 이제 재미없어. 그리고 보코 씨네 쌍둥이들이 자꾸 건드려서 짜증 나. 계속 귀를 잡아당기고 아까는 우리 꼬리를 서로 묶어 놓으려고 했단 말이야."

"이따가 집에 가는 길에 혼내 줄게."

하비가 동생들을 달랬다. 차차와 배배는 좋은 생각이라는 듯 고개를 끄덕였다.

꼬마 돼지들의 대화를 가만히 듣고 있던 구스 아저씨가 제안을 했다.

"심심하면 재미있게 시간을 보낼 방법을 찾아보자꾸나. 누구를 혼내 줄 궁리를 하는 것보다는 좀더 어려운 과제가 좋을 것 같은데."

삼총사는 찔리는 구석이 있는지 눈길을 피했다.

"내가 독심술의 대가라는 것 알고 있느냐?"

아저씨가 쌍둥이에게 물었다.

"우와, 정말로요?"

나기와 누기는 두 눈이 휘둥그레졌다.

"정말이고말고. 너희에게 증명해 보이마."

말을 마친 구스 아저씨는 커다란 종이를 가져와 정사각형을 그린 후 정사각형 안에 다시 가로, 세로 각각 두 줄씩 그어 작은 정사각형으로 된 아홉 개의 칸을 만들고 나서 그 종이를 핀

두 개로 벽에 고정시켰다. 그리고는 벽난로 앞에 쌓여 있는 장작더미 중 긴 막대기 하나를 가져와 아주머니에게 건네면서 말했다.

"이제 내가 눈을 감을 테니 너희는 의논해서 아홉 개 칸 가운데 한 개를 골라라. 다 골랐다고 말하면 내가 눈을 뜨고 우리 수산야가 막대기로 한 칸씩 가리킬 게다. 너희가 고른 칸이 무언지 독심술로 알아내마."

"에이, 불가능할걸요."

하비는 믿을 수 없다는 표정이었다.

삼총사와 쌍둥이가 의논 끝에 고른 것은 맨 왼쪽 위에 있는 칸이었다. 그런데 이게 웬일인가! 수산야 아주머니가 막대기를 가지고 차례대로 한 칸씩 가리키다가 맨 왼쪽 위에 있는 칸을 짚자 구스 아저씨가 소리를 지른 것이다.

"잠깐! 바로 그거야."

믿어지지 않는 일이었다. 하지만 같은 실험을 계속하여 네 번째가 되었을 때 삼총사는 드디어 아저씨의 독심술에 숨어 있는 비밀을 밝혀낼 수 있었다.

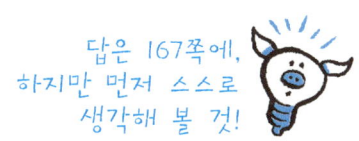

서른 번째 문제

잔 받침에 담긴 수수께끼

"더 가르쳐 주세요! 나중에 보코 씨네 쌍둥이들 골탕 먹이는 데 쓸 수 있겠네요. 혹시 그런 멋진 속임수 더 아세요?"

나기와 누기가 구스 아저씨에게 물었다.

"물론 있지. 속임수가 아니라 수학 문제란다. 엄밀하게 따진다면 수학 문제라고 하기엔 좀 애매하지만 어쨌든 논리적으로 해결해야 하는 수수께끼지. 두뇌 훈련에는 안성맞춤이란다."

"그럼 알려 주세요!"

나기가 애원조로 외쳤다.

구스 아저씨는 맥주잔 받침 한 무더기를 집더니 그중에서 아홉 개를 빼내 식탁 위에 마름모꼴로 늘어놓고는 식탁 위의 잔 받침들을 가리키며 꼬마 돼지들에게 설명했다.

"자, 여기 가운데 있는 것이 으리으리 산이라고 하자. 나머지 여덟 개는 으리으리 산을 둘러싸고 있는 산들이고. 너희도 알다시피 으리으리 산이 가장 높은 산이다. 잔 받침에 산의 실제 높이를 쓰는 건 너무 복잡하니 가장 높은 으리으리 산을 숫자 9로 하겠다.

나머지 잔 받침에는 1부터 8까지의 숫자가 오게 된다. 거의 모든 산이 주위에 있는 산과 케이블카로 연결되어 있지. 그런데 케이블카를 운행하려면 일정한 경사가 필요한 법이다. 높이가 같은 산끼리 케이블카를 연결하는 건 수지가 안 맞거든. 그러니까 케이블카로 연결된 두 산 ─여기 있는 잔 받침들 두 개─ 사이에는 숫자가 적어도 2 이상 차이가 나야 한다. 다시 말하면 연결된 잔 받침 두 개에는 절대로 연속하는 숫자 두 개를 적을 수 없다. 알겠지?"

"알았어요. 잔 받침 여덟 개에 아저씨가 말씀하신 조건에 맞게 1부터 8까지의 숫자를 채워 넣으라는 거죠?"

하비가 가장 먼저 나섰다.

"맞다. 연결 표시에 주의해야 하는 것 잊지 말고."

"하지만 이런 문제로는 보코 씨네 쌍둥이를 골탕 먹일 수 없어요. 걔들은 너무 멍청해서 이런 문제는 풀어 보라고 할 수도 없는걸요. 혹시 좀더 쉽게 그 녀석들을 약 올릴 만한 문제 모르세요?"

나기가 물었다.

"부모님이나 선생님도 쩔쩔맬 만한 문제면 더 좋아요!"

누기는 한 술 더 떴다.

"아니면 자기가 똑똑하다고 항상 잘난 척하는 오빠를 약 올리는 문제든지요."

이번에는 나기가 하비를 곁눈질하며 말했다.

구스 아저씨는 싱글벙글 웃으면서 대답했다.

"얼마든지 있지. 이런 문제는 어떠냐? 1분에 한 번 나오고 보름날 밤에는 두 번 나오지만 천 년 동안에는 한 번도 안 나오는 게 뭐지?"

"에이, 그런 케케묵은 문제를 누가 몰라요."

하비가 시시하다는 듯이 콧방귀를 뀌었다.

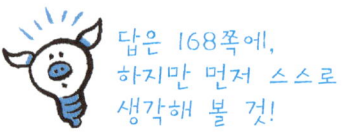

답은 168쪽에,
하지만 먼저 스스로
생각해 볼 것!

배낭의 무게를 알고 싶어!

그때 등산객 하나가 식당으로 들어오더니 앓는 소리와 함께 등에 지고 있던 배낭을 내려놓았다.

"어휴, 이 망할 놈의 배낭! 대체 무게가 얼마나 되기에 이렇게 무거운 거지! 그런데 배낭이 너무 무거워서 주방에 잠시 두고 화장실에 다녀왔더니 식당에 가 있더군요."

"제가 아까 주방에서 일하다 배낭이 있길래 나기, 누기와 함께 밖으로 옮겨 놓았어요."

하비가 대답했다.

등산객은 이마의 땀을 훔치며 푸르미 아주머니에게 물었다.

"혹시 여기에 이 배낭 무게를 재어 볼 만한 저울 있습니까?"

"배낭 무게를 달아 보시려고요? 문제없죠! 저쪽에 체중계가 있으니 거기 올려놓으세요. 동전을 넣으면 체중계가 작동되니까 무게는 바로 알 수 있답니다."

"그렇지 않아도 아까 들어오다가 그 체중계를 봤는데 10킬로그램 이상부터 무게를 잴 수 있던데요."

"그럼 배낭을 지고 체중계에 올라서세요. 전체 무게에서 손님의 체중을 빼면 배낭 무게를 알 수 있잖아요."

푸르미 아주머니는 답답하다는 듯 말했다.

"문제는 제가 체중이 정확하게 얼마나 나가는지 모른다는 겁니다. 대충 50킬로그램에서 60킬로그램 사이라는 것밖에 모르거든요. 그렇다고 체중을 재고 나서 또 배낭을 메고 재는 것은 동전 낭비죠."

등산객은 투덜댔다.

오가는 대화를 듣고 있던 하비가 끼어들었다.

"실은 제가 나기, 누기와 배낭을 옮기다 너무 무거워서 무게를 재 봤죠. 쌍둥이의 몸무게를 이용해서요."

"그럼 알려다오."

등산객이 말했다.

그때 푸르미 아주머니가 말했다.

"제가 가진 정보도 손님께 드리죠. 아까 저 쌍둥이 나기와 누기가 몸무게를 재는 것을 보니 둘이 합쳐 저보다 60킬로그램 덜 나가더군요."

"그럼 푸르미 아주머니가 쌍둥이들을 데리고 배낭과 함께 체중계에 올라서도 배낭 무게를 계산할 수 있죠."

"그게 정말이냐?"

등산객이 반색을 했다.

"나한테는 너무 어려운데 네가 계산을 해서 알려 주려무나."

나기와 누기가 배낭을 치켜들고 푸르미 아주머니의 어깨 양쪽에 올라선 채 다 같이 체중계 위에 올라갔더니 무게가 88킬로그램이었다. 하비가 등산객에게 배낭의 무게가 정확하게 얼마인지 말할 수 있었던 것은 쌍둥이의 체중을 합치면 배낭 무게의 세 배라는 사실을 미리 알고 있었기 때문이다.

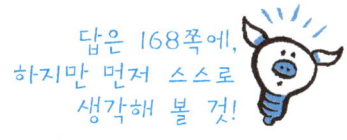

답은 168쪽에.
하지만 먼저 스스로
생각해 볼 것!

훌륭한 이발사

"계산이 항상 필요한가요? 숫자가 없어도 논리적으로 생각하는 건 얼마든지 가능하잖아요."

푸르미 아주머니가 구스 아저씨를 보며 물었다.

"물론이죠. 아무도 그 사실을 저만큼 잘 알고 있진 못할 겁니다. 저를 잘 보십시오. 수학과는 전혀 상관없는 수수께끼가 바로 눈앞에 있으니까요."

"손님을 잘 보라고요? 지금 손님이 수수께끼라고 말씀하시는 건가요?"

"아, 제가 아니라 제 헤어스타일을 말씀드리는 겁니다. 어떤가요?"

아저씨는 옆머리를 살짝 쓰다듬었다.

"단정하네요."

"저도 그렇게 생각합니다. 머리를 이렇게 단정하게 자르는 게 결코 쉽지는 않았답니다. 여기 오기 전에 산 아래 마을에 있었거든요. 시내에서 머리를 자르고 왔어야 하는데 깜빡했지 뭡니까.

머리 손질이라는 것이 늘 하던 데서 해야지, 생전 처음 보는 이발사는 솜씨가 어떤지 모르죠. 그래서 낯선 곳은 가능한 한 피하는데 이번엔 어쩔 수 없었습니다. 마을에 이발소가 두 곳 있던데 어디가 낫냐고 마땅히 물어볼 곳도 없고."

"마을이요? 아이고, 설마 잘못 찾아가시지는 않으셨……"

아저씨는 푸르미 아주머니의 말이 끝나기도 전에 싱긋 웃으며 말했다.

"제 헤어스타일을 보셔서 이미 짐작하셨겠지만 다행히도 솜씨가 좋은 이발사에게 갔지요. 처음에 간 곳은 자르고 씨 이발소였습니다. 자르고 씨는 머리도 단정하고 실내도 아주 깨끗하고

시설이 잘 되어 있더라고요. 그 다음에는 까코 씨 이발소에 갔는데 까코 씨는 머리 모양도 엉망인데다가 가게도 지저분하기 짝이 없었답니다. 그래서 까코 씨에게 혹시 이발소가 거기 두 군데 말고 또 있는지 물었지요. 두 곳 밖에 없다고 하더군요."

"어디서 머리를 자르셨나요?"

차차가 궁금증을 이기지 못하고 물었다.

"어디였을 것 같으냐? 그게 내가 너희에게 내는 문제다."

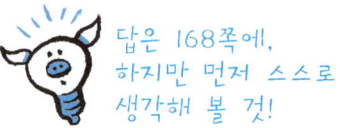
답은 168쪽에.
하지만 먼저 스스로
생각해 볼 것!

식탁을 붙여라!

구스 아저씨는 꼬마 돼지들이 대견하다는 듯 얼굴 가득 웃음을 띠고 고개를 끄덕였다.

"잘 맞혔다. 수학 선생님이 너희를 잘 가르치신 것 같구나. 그런데 선생님은 대체 어디 계시냐? 너희와 함께 오셨다고 하지 않았느냐?"

배배는 손가락으로 구석 자리를 가리켰다. 식탁에 머리를 괸 채 여전히 곤한 잠에 빠져 있는 똥배 선생님이 보였다.

"아주 피곤하신가 보구나. 하긴 너희를 데리고 다니셨으니 피곤하실 만도 하지."

아저씨는 충분히 이해할 수 있다는 표정을 지었다.

"그게 아니고요, 알코올 도수에 신경을 안 쓰셔서 그런 거예요. 선생님이 드신 약초 시럽은 알코올이 4퍼센트가 아니라 40퍼센트 들어 있었거든요."

배배는 얼른 상황을 설명했다.

"수학 선생님이라도 가끔은 숫자를 착각하시는 법이죠."

차차도 한마디 거들었다.

"자, 다들 이제 그만하고 자리 좀 비켜 주시죠. 저녁 식사 손님들이 오기 전에 식탁 배치를 바꿔야 해요."

푸르미 아주머니가 다가와 단호한 표정으로 말했다.

"저녁 식사 손님이라고요? 시간이 벌써 그렇게 됐어요? 그럼 정말로 오후 내내 여기서 시간을 때웠단 말이죠?"

하비가 히죽 웃으며 물었다.

"어머! 그럼 산꼭대기까지 올라가기는 틀렸네. 하비 오빠 진짜

최고다!"

나기는 신이 나서 꽥꽥거렸다.

"애들아, 좀 도와주겠니? 나는 주방에 요리할 게 잔뜩 밀려 있거든."

"그러죠. 저희가 뭘 하면 되는데요?"

차차가 선뜻 나섰다.

"식탁 세 개를 옆으로 나란히 붙여 놓아라. 길게 앉아서 식사를 할 거란다."

"그렇게는 도저히 안 될 것 같은데요. 식탁 크기가 서로 다르잖아요."

"말 같지도 않은 소리! 1밀리미터 차이도 없이 똑같은 크기란다. 내가 장담하마."

푸르미 아주머니는 자신만만하게 대꾸했다.

하지만 꼬마 돼지들은 여전히 미심쩍은 표정이었다.

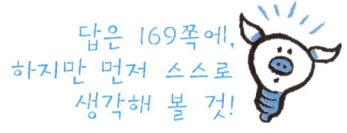

식탁보 꿰매기

"어머나, 이걸 어째!"

파란색과 하얀색 격자무늬가 있는 커다란 식탁보를 펼치던 푸르미 아주머니가 큰 소리로 비명을 질렀다. 식탁보 한가운데에 불에 타서 생긴 구멍이 몇 개 있었다.

"지난주에 여기 와서 촛불을 가지고 장난치던 그 말썽꾸러기들 짓이 틀림없어. 못 쓰게 되었으니 아깝지만 버려야겠네."

아주머니는 안타까운 듯 한숨을 쉬었다.

"잠깐만요. 구멍 난 부분이 있는 줄을 오려 낸 다음 위아래를 꿰매면 될 것 같은데요."

하비가 제안했다.

"그렇게는 안 된단다. 식탁을 다 덮으려면 가로가 세로보다 조금 길어야 하고 세로의 격자무늬 칸이 적어도 일곱 개는 되어야 하거든. 가운데 줄을 오려 내면 세로에 있는 칸이 여섯 개밖에 안 되잖니."

"그럼 작게 몇 개로 자른 다음 식탁을 덮을 수 있는 크기로 꿰매서 이으면 어떨까요?"

이번에는 차차가 제안했다.

"시간이 너무 많이 걸려서 그렇게는 못 한다."

푸르미 아주머니는 고개를 흔들었다.

하비는 고개를 갸우뚱하고 식탁보를 쳐다보다가 아주머니에게 말했다.

"시간이 별로 안 걸리는 방법이 생각났어요. 식탁보를 기술적으로 오리면 두 조각이 되게 하면서도 구멍은 없애고 나중에 꿰맸을 때 가로가 여덟 칸, 세로가 일곱 칸 나오게 할 수 있거든요."

"정말 그런 방법이 있다면 알고 싶구나."

아주머니는 믿을 수 없다는 듯 하비를 바라보았다.

"제가 보여 드릴게요."

말을 마친 하비는 가위를 집어 들었다.

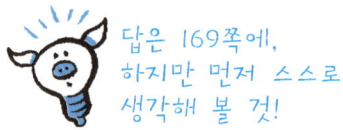
답은 169쪽에.
하지만 먼저 스스로
생각해 볼 것!

오늘은 무슨 요일?

똥배 선생님이 서서히 잠에서 깨어나기 시작했다. 술기운이 다한 모양이었다. 선생님은 쿵쿵 소리를 내다가 하품을 하더니 머리를 긁적였다. 그리고 잠시 후 눈을 뜨고 끔벅끔벅했다.

"좋은 아침이에요. 잘 주무셨어요, 선생님?"

나기가 상냥한 목소리로 말을 건넸다.

"으흠. 오늘이 대체 무슨 요일이냐?"

선생님이 웅얼거렸다.

선생님은 아직도 잠이 덜 깬 것 같았다.

머리를 써야 하는 문제를 푸는 것이 잠 깨는 데 도움이 되겠다고 생각한 나기는 빙 돌려서 대답했다.

"잘 들으세요, 선생님. 그저께가 일요일 바로 전날의 나흘 뒤였어요."

"뭐라고…… 아침에 눈 뜨자마자 골 아프게 생각하라는 거냐? 무슨 요일인지 그냥 말하려무나."

선생님은 잠기운이 가시지 않은 목소리로 말했다.

"죄송하지만 그럴 순 없어요. 선생님이 항상 그러셨잖아요. 머릿속을 개운하게 하는 가장 좋은 방법은 아침에 머리 쓰는 문제를 푸는 거라고요."

선생님은 못마땅한 듯 얼굴을 찌푸리더니 투덜거렸다.

"거참, 뭐라고 했지? 그저께가……일요일의…… 그러면 오늘은…… 오늘은……"

선생님의 두 눈이 다시 감겼다.

답은 169쪽에. 하지만 먼저 스스로 생각해 볼 것!

커피 속의 파리

똥배 선생님은 두 눈을 비볐다. 약초 술의 취기로부터 서서히 회복되는 중이었지만 아직도 정신이 몽롱했다.

"여기 커피 한 잔만 진하게 해서 갖다 주십시오!"

선생님이 푸르미 아주머니에게 큰 소리로 부탁했다.

"흠……."

아주머니는 한마디 대꾸도 없이 주방으로 사라졌다. 그 사이 꼬마 돼지들은 아주머니가 시킨 대로 식탁 배치를 끝냈다. 주문한 커피가 도착하자 선생님은 설탕을 넣고 커피를 휘저었다. 잔을 들어 커피 한 모금을 막 마시려던 선생님이 갑자기 동작을 멈추고는 커피 잔을 뚫어져라 쳐다보았다.

"부인! 이리 잠깐 와 보십시오."

선생님은 큰 소리로 외쳤다.

아주머니는 주방에서 나오더니 요리할 것은 많고 시간은 부족한데 왜 오라 가라 하느냐는 듯 짜증난 목소리로 물었다.

"또 무슨 일이신데요?"

"제 커피잔 안에 파리 한 마리가 헤엄을 치고 있습니다! 어떻게 이런 일이 있단 말입니까!"

선생님이 항의했다.

"그럴 수도 있죠. 그냥 숟가락으로 건져 내세요."

아주머니는 몸을 돌려 주방으로 가려 했다.

"그럴 생각 추호도 없습니다. 새로 한 잔 갖다 주십시오. 빨리 갖다 주셔야 합니다. 갈 길이 급하니까요."

선생님은 단호하게 말했다.

푸르미 아주머니는 커피잔을 들고 주방으로 갔다가 채 몇 분이

지나기도 전에 다시 커피 한 잔을 선생님 식탁 위에 내려놓았다. 선생님은 커피를 한 모금 마시더니 두 눈을 가늘게 뜨고 아주머니를 노려보았다.

"방금 가져가셨던 커피를 도로 갖다 주신 것 아닙니까!"

"무슨 근거로 그런 말씀을 하시죠?"

푸르미 아주머니는 슬그머니 선생님의 눈길을 피했다.

"제가 명색이 수학 선생인데 거짓말하실 생각은 꿈도 꾸지 마십시오!"

선생님은 커피 잔을 다시 내밀었다.

푸르미 아주머니는 얼굴이 빨개진 채 선생님이 내민 커피잔을 들고 도망치듯 주방으로 향했다.

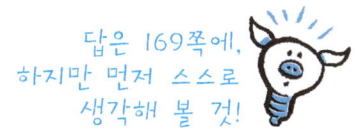
답은 169쪽에, 하지만 먼저 스스로 생각해 볼 것!

7장
우리가 해냈어!

서른일곱 번째 문제

페인트칠이 언제쯤 끝날까?

새로 가져온 커피를 마신 똥배 선생님은 기분이 상쾌해졌는지 활기찬 목소리로 학생들에게 물었다.

"너희들끼리만 시간을 보내느라 지루하지는 않았느냐?"

학생들은 수학 수수께끼를 푸느라 시간 가는 줄 몰랐노라고 선생님을 안심시켜 드렸다. 학생들의 대답을 들은 선생님은 만족스러운 표정으로 말했다.

"잘했구나. 잠깐 눈 좀 붙였으니 이제 정상에 도전해 볼까."

선생님은 자리에서 일어나 식당 밖에 있는 발코니로 나갔다. 바깥 경치를 본 선생님은 그제야 시간이 얼마나 늦었는지를 깨달았다. 저물어 가는 해가 사방을 둘러싼 산봉우리들을 핑크 빛으로 물들이고 있었다.

"아무래도 정상까지 오르는 건 안 될 것 같아요. 걸어서 산 아래 계곡까지 가기도 빠듯한 걸요. 케이블카를 타고 내려가야겠죠?"

하비가 짐짓 아쉽다는 표정을 지은 채 선생님에게 물었다.

똥배 선생님도 하비의 말이 옳다는 것을 인정하지 않을 수 없었다. 그러는 동안 반 학생들이 하나 둘씩 나와 모두 발코니로 모였다.

푸르미 아주머니도 작별 인사를 하기 위해 나왔다.

"조만간 또 놀러오세요. 하지만 다음번에는 말짱한 상태로 계셔야 해요. 그래야 학생들 감독을 하시죠!"

선생님은 입장이 곤란해지자 화제를 돌리기 위해 얼른 손가락을 들어 푸르미 목장을 가리켰다.

"부인께서는 다음에 저희가 다시 오기 전까지 목장 울타리에 칠을 새로 하셔야겠네요. 그대로 두면 상당히 보기 흉해질 겁니다."

푸르미 아주머니는 한숨을 쉬며 말했다.

"저도 알아요. 그렇지 않아도 앞쪽만이라도 칠해 볼까 하고 페인트 공 넷을 고용했답니다. 앞쪽을 다 칠하는데 넷이서 닷새면 된다고 하더라고요. 그저께부터 칠을 하기 시작했는데 오늘 둘이 병에 걸려 일을 못 하게 되었다면서 나머지 둘만 왔지 뭐예요. 둘이서 일을 하게 되었으니 칠이 끝날 때까지 얼마나 걸릴지 알 수 없는 노릇이죠."

"그 문제라면 삼총사가 도와드릴 수 있을 것 같습니다."

아주머니가 기대하는 표정으로 선생님을 쳐다보자 선생님은 서둘러 말을 정정했다.

"아니요. 제 말은 아이들이 칠하는 걸 거든다는 것이 아니라 칠이 끝날 때까지 앞으로 얼마나 더 걸릴지 알려 드릴 수 있다는 뜻입니다."

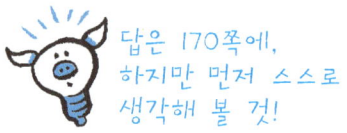
답은 170쪽에. 하지만 먼저 스스로 생각해 볼 것!

소나무 사이의 간격

케이블카를 타기 위해 정류장으로 걸어가던 도중에 하비가 갑자기 발걸음을 멈췄다.

"산에서 풀기 적당한 문제가 하나 생각났어요."

"그래? 그럼 뜸 들이지 말고 빨리 말해라! 잠자는 동안 쉬었으니 이제 뇌세포 활동을 해야지."

똥배 선생님이 하비에게 재촉을 했다.

"여기 산 위에는 보시다시피 소나무가 많잖아요. 누가 심은 것이 아니라 저절로 자란 건데도 가끔 보면 소나무 세 그루 사이의 거리가 똑같은 경우가 있더라고요."

"충분히 그럴 수 있지. 하지만 그게 뭐 그다지 대단한 사실이랄 것도 없는데."

선생님은 하비를 쳐다보았다.

"제 말은 소나무 네 그루도 나무 사이의 거리가 모두 똑같게 서 있을 수 있다는 거죠."

"내가 장담하는데 그건 절대로 불가능하다. 네가 아무리 똑똑하다고 해도 이번만큼은 틀렸다. 도형이라는 것이 얼마나 정확한 건데! 네 개의 점을 각각의 점 사이의 거리가 같도록 그릴 수는 없는 법이다."

선생님이 타이르는 어조로 말했다.

"제 말은 점 네 개가 아니라 소나무 네 그루가 그릴 수 있다는 말이에요."

하비가 답답하다는 듯 목소리를 높였다.

"우길 걸 우겨야지. 소나무 네 그루도 나무 사이 간격이 다 같을 수는 없다니까."

선생님의 목소리도 커졌다.

"저랑 내기하실래요?"

하비는 자신 있는 표정으로 말했다.

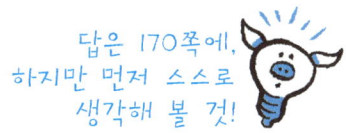

사이가 나쁜 가족

학생들이 둘씩 짝을 지어 산 아래로 내려가는 케이블카에 올라탄 뒤 똥배 선생님이 맨 마지막으로 푸르미 아주머니의 아들과 함께 케이블카에 탔다.

"저 밑에 보이는 조그만 마을은 대체 뭐냐?"

선생님이 아래를 가리키며 푸르미 아주머니의 아들에게 물었다.

"마을이 아니고요, 아드리웬스 아저씨네 집이에요."

"희한하게 지었구나. 집 세 채를 담장이 둘러싸고 있고 대문이 세 개나 되다니."

"희한한 사람들이긴 해요. 아드리웬스 아저씨가 제일 큰 집에 사는데 아들 둘이 다 아버지랑 사이가 안 좋아서 왼쪽과 오른쪽에 각자 집을 한 채씩 지어 따로 살거든요. 대문도 원래 가운데 있는 것 하나만 있었어요. 그런데 아저씨가 그 대문을 자기만 쓰고 아들들은 쓰지 못하도록 했죠."

"그래? 그럼 양옆의 작은 대문 두 개는 아들들이 사용하는

문인가 보구나."

"그렇게 간단한 문제가 아니에요. 왼쪽 대문은 오른쪽 집에 사는 아들이 써야 하고 오른쪽 대문은 왼쪽 집에 사는 아들이 써야 한대요. 그런데 여태까지 각자 집으로 들어가는 길이 교차하지 않을 방법을 못 찾았다는데요."

"별로 어려운 일도 아닌 것 같은데."

말을 마친 선생님은 곰곰 생각에 잠겼다.

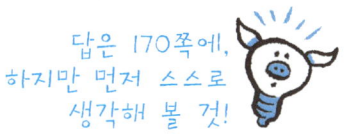

8장
마지막으로 한 번 더?

마지막 문제

 학생들과 똥배 선생님은 주차장에서 기다리고 있던 버스를 타기 위해 모였다. 나기와 누기는 선생님에게 감사하다는 인사를 드렸다.
 "정말 멋진 날이었어요. 등산은 결국 못 했지만……."
 "하지만 공부가 많이 됐어요. 논리적으로 생각하는 법을 잘 알게 된 걸요?"
 "배운 게 많다니 그나마 다행이로구나. 부모님께서도 기뻐하실 테지. 자, 그럼 어서 버스에 타거라."
 학생들이 차례차례 버스에 오르고 나서 이제 커다란 보리수 아래에는 선생님과 하비만 남았다.
 "자, 어떠냐. 마지막으로 한 번 더 문제를 풀어 볼 생각이 있느냐?"
 선생님이 하비를 보며 물었다.
 "물론이죠."
 하비가 선뜻 대답했다.

"잘 들어라. 이 보리수에 새 몇 마리가 앉아 있고 여기 이 덤불에도 새 몇 마리가 있다. 덤불에 있는 새 한 마리가 나무로 날아가면 나무에 있는 새는 덤불에 남은 새의 세 배가 된다. 그리고 나무에 있는 새 가운데 한 마리가 아래로 날아온다면 나무와 덤불에는 같은 숫자의 새가 있게 된다."

하비는 골똘히 생각했다. 하루 종일 머리를 썼더니 지쳐서인지 머리가 잘 안 돌아갔다.

"그럼 저도 선생님한테 문제 하나 낼게요. 제가 문제 푸는 동안 잘 생각해 보세요. 전 이 보리수에 나뭇잎이 정확하게 몇 장인지 말씀드릴 수 있어요."

"말도 안 되는 소리. 아무도 그럴 수는 없다."

"전 할 수 있다니까요. 단, 선생님이 제가 할 수 없다는 걸 증명하지 못하신다면요."

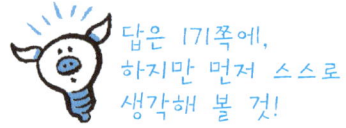
답은 171쪽에.
하지만 먼저 스스로
생각해 볼 것!

똥배 선생님과 하비는 보리수 아래에서 각자 생각에 잠겨 버스가 떠나는 것도 깨닫지 못 하고 서 있었다. 이로써 두 사람은 선생님이 애초에 계획했던대로 충분히 걷게 된 셈이다.

정답은 여기에

 첫 번째 문제

답은 구멍이다. 버스 운전사가 구멍을 싫어하는 것은 당연하다. 버스의 타이어에 구멍이 나면 아주 곤란할 테니까.

 두 번째 문제

택시 운전사가 정말로 귀가 먹었다면 보코 부인이 어디로 가자고 했는지 알아들었을 리가 없다. 그러니 이 이야기에는 오류가 있다.

 세 번째 문제

문제에서 알려준 정보가 너무 적어 답을 알아맞힐 수 없다고 생각하기 쉽다. 하지만 간단한 식을 이용하면 이 문제를 충분히 풀 수 있다.

버스 출발지로부터 목적지를 향해 24킬로미터 운전한 다음 버스를 두고 걸어갔으니 버스 운전사가 승객들과 함께 걸어간 거리를 X라 하면 출발지에서 목적지까지의 전체 거리는 24+X가 된다. 타이어를 새로 끼운 버스가 목적지에 도착하자 그 버스를 몰고 출발지까지 돌아갔다고 했으므로 운전사가 버스를 운전한 거리는 처음 운전한 24킬로미터와 나중에 운전한 24+X를 합쳐 48+X다. 따라서 그가 운전한 거리는 걸어간 거리 X보다 48킬로미터 더 길다.

네 번째 문제

이 문제는 답을 들은 선생님도 감탄했을 정도이다. 왜냐하면 차자가리우스 교수는 짐꾼을 단 두 명만 고용하고도 목적지까지 무사히 갈 수 있었기 때문이다.

꼭 필요한 지출이 아니면 단돈 1원도 아까워하는 교수는 짐꾼을 최소한으로 고용하기 위해 온갖 머리를 쥐어짠 끝에 마침내 묘안을 찾아냈다. 짐꾼 두 명과 함께 한 명당 40킬로그램씩의 식량을 짊어지고 길을 떠난 교수는 하루가 지나자 짐꾼 한 명을 돌아가는 길에 필요한 1일 치 식량 10킬로그램만 주어서 돌려보낸다. 출발한 지 2일 째 되는 아침 그와 짐꾼에게는 80킬로그램의 식량이 남아 있게 된다. 각자 40킬로그램씩 지고 가면서 1일 치 식량 10킬로그램씩을 소모하면 두 번째 날이 지난 후 60킬로그램의 식량이 남는다. 그 가운데 2일 치 식량 20킬로그램을 주어서 나머지 짐꾼을 돌려보낸다. 3일 째 되는 날 아침 교수가 가지고 있는 것은 4일 치의 식량에 해당하는 40킬로그램이므로 남은 여정을 무사히 마치는 데 아무런 문제가 없다.

 다섯 번째 문제

두 농부 다 푸지만에서 더머글로 가는 길이니 둘 중의 누가 더머글에 살고 있는지를 알아맞힐 수 없을 것이라고 생각하는 것은 당연하다.

하지만 으리으리 산을 넘은 횟수를 비교하면 답을 알 수 있다. 더머글에 사는 농부가 푸지만에 가기 위해 으리으리 산을 넘었다면 집으로 돌아오기 위해 한 번 더 넘어야 한다. 그러므로 그가 더머글에 있을 때 산을 넘은 횟수를 센다면 두 번이나 네 번 혹은 여덟 번이나 열여섯 번처럼 반드시 짝수로 끝나게 된다. 그런데 두 농부가 대화를 나눈 지점은 푸지만에서 더머글로 가는 도중, 즉 아직 산을 넘기 전이다. 이는 더머글에 사는 농부가 푸지만으로 가기 위해 산을 한 번 넘었다가 푸지만으로부터 집에 돌아오는 길로 아직 산을 넘지 않은 상태임을 알려준다. 따라서 으리으리 산을 넘은 횟수가 홀수인 농부가 바로 더머글에 사는 농부이다. 그리고 으리으리 산을 스물두 번이나 넘었다고 자랑한 농부는 푸지만에 사는 농부이다.

여섯 번째 문제

하비가 절대로 조각상을 들 수 없을 거라고 생각한다면 똥배 선생님은 완전히 잘못 계산한 것이다. 물론 으리으리 산이 100만 톤보다 훨씬 무거울지도 모르지만 어쨌든 100만 톤이라고 친다면 실제 높이의 1000분의 1에 해당하는 1미터 조각상은 무게가 1000그램, 즉 1킬로그램이 된다. 왜 그런지 생각해 보자. 조각상은 선도 면도 아닌 입체이기 때문에 높이만 실제 높이의 1000분의 1로 줄어드는 것이 아니라 가로와 세로에 해당하는 부분도 각각 실제의 1000분의 1로 줄어들게 된다. 따라서 100만 톤의 무게는 처음에는 높이가 1000분의 1 줄면서 1000톤이 되었다가 다음에는 가로가 줄면서 1톤, 즉 1000킬로그램이 된 후 마지막으로 세로가 줄면서 1킬로그램이 된다. 아주 작은 꼬마 돼지라도 이 정도 무게쯤은 거뜬히 들 수 있다.

 일곱 번째 문제

휴게소에 있는 감자는 가족이 모두 함께 먹는다면 4일을 버틸 수 있는 양이다. 어째서 그럴까? 남편이 하루에 먹는 양은 전체의 9분의 1이고 부인이 하루에 먹는 양은 12분의 1이며 아이가 하루에 먹는 양은 18분의 1이라고 했으니 이를 다 합하면 36분의 9, 즉 4분의 1이다. 가족 전부가 하루를 보내기 위해 필요한 것이 전체 양의 4분의 1이므로 휴게소에 있는 감자는 이 가족에게 4일치 식량밖에 안 된다.

 여덟 번째 문제

케이블카를 운행하는 아저씨는 꼬마 돼지를 가장 먼저 산 위로 데려갔다. 그 다음 산 밑으로 내려와 이번에는 사냥개를 태우고 올라갔다. 산 위에 사냥개를 내려놓고 돼지를 태운 다음 내려와서 꼬마 돼지를 내려놓고 케이크를 싣고 갔다. 마지막으로 한 번 더 내려와 돼지를 데리고 산 위로 올라감으로써 셋 모두 무사히 산 위로 옮기는 데 성공했다.

 아홉 번째 문제

꽃이 123송이 있는데 어디에서든 세 송이를 꺾으면 그 가운데 적어도 한 송이는 반드시 파란색이라 했으므로 파란 꽃은 121송이라야 한다. 따라서 나머지 두 송이는 하얀색이 한 송이, 그리고 파란색과 하얀색이 섞인 것이 한 송이다.

 열 번째 문제

도둑이 들어간 곳은 감옥이었다.

 열한 번째 문제

사실 이 문제는 아주 쉬운 문제다. 둘 중 하나는 나이가 열 살 반이고 다른 하나는 6개월된 아기 돼지다.

토비에게 낸 두 번째 문제 역시 계산을 하고 싶다면 얼마든지 해도 상관없다. 두 대의 비행기가 공중에서 서로 스쳐 지나간 순간 두 비행기는 당연히 매케무초에서 똑같은 거리만큼 떨어져 있다. 물론 살마베르크로부터도 같은 거리만큼 떨어져 있다. 그렇지 않다면 스쳐 지나갔을 리가 없으니까.

가련한 토비.

열두 번째 문제

선생님의 질문은 그 얘기에 나오는 '모든 것'이 합해서 몇 개인지를 묻는 것이므로 당연히 2401보다는 많다. 일단 집이 일곱 채 있고 각각의 집에 살고 있는 돼지가 일곱이므로 돼지의 수는 49이다. 그리고 돼지들이 샌드위치를 일곱 개씩 먹는다고 했으므로 샌드위치의 개수는 343이고 마지막으로 샌드위치에 들어간 치즈의 개수는 2401이다. 집, 돼지, 샌드위치, 치즈의 개수를 전부 합하면, 2800이다.

 열세 번째 문제

실제로 풀밭 위를 거닐고 있었던 것은 할머니와 엄마 그리고 딸, 이렇게 셋뿐이었다. 하지만 아주머니의 얘기가 틀린 것은 아니다. 왜냐하면 엄마는 딸에게는 엄마이면서 동시에 할머니에게는 딸이니까.

 열네 번째 문제

두 아이가 지하실에서 나와 서로 얼굴을 보았을 때 어떤 생각을 했을까? 얼굴이 깨끗한 아이는 다른 아이의 얼굴을 보고 자기 얼굴도 그렇게 더러울 것이라고 여겨 세수를 했다. 반면에 얼굴이 더러운 아이는 다른 아이의 얼굴을 보고 자기 얼굴도 깨끗할 것이라고 판단해 세수를 하지 않은 것이다.

 열다섯 번째 문제

이 문제는 무척 복잡한 것처럼 보이지만 사실 간단한 문제이다. 100개의 대답 가운데 맞는 것은 딱 하나다. 왜냐하면 모든 대답이 서로 다르기 때문이다. 결과적으로 거짓말을 한 돼지의 수는 99가 된다. 그렇다면 진실을 말한 돼지는 몇 번째 돼지일까? 당연히 거짓말쟁이의 수는 99라고 말한 아흔아홉 번째 돼지다.

 열여섯 번째 문제

이 문제는 아주 근사한 '생각의 실험' 문제라 할 수 있다. 똥배 선생님의 얘기에서 논리적인 허점은 전혀 없다. 실제로 우리가 일상생활에서 흔히 별다른 정의 없이 많은 양이라고 일컬을 때 '많은 양'과 '많지 않은 양'을 가르는 경계선이 어디 있는지는 확실하지 않다. 수학에서는 그렇게 불확실한 개념은 통하지 않는다. 그래서 분명하게 정의할 수 있는 '원'이나 '직선' 또는 '각'이라는 말은 사용해도 '많은 양'이라는 말은 사용하지 않는다. 만일 수학에서 '많은 양'이라는 말을 사용하려면 반드시 '많은 양이란 같은 물체가 적어도 셋 이상 있는 상태를 뜻한다.' 하는 식으로 먼저 정의해야 한다. 따라서 많은 양이 무엇인지 정해져 있지 않다면 많은 설탕의 존재를 증명하는 것은 불가능하다.

열일곱 번째 문제

칼질을 직선으로 해야 한다는 조건은 어디에도 없다. 다음 그림을 보면 뚱배 선생님이 어떤 방법으로 정사각형 모양의 케이크에 칼질을 네 번 해서 열두 조각을 냈는지 알 수 있다.

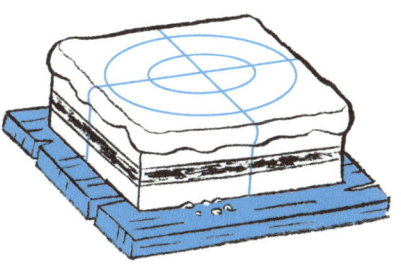

 열여덟 번째 문제

아주머니의 말이 아무리 복잡하게 들려도 약초로 담근 술을 여러 잔 마셔 거나해진 상태가 아니고서야 헷갈릴 리가 없다. 돼지 다리는 넷이므로 그것을 4로 나누면 학생 수만 남는데 그것을 다시 두 배하고 절반으로 나누어도 결과는 마찬가지다. 결국 학생 수에 3을 곱한 것과 같다. 따라서 답은 30이다.

 열아홉 번째 문제

얼핏 듣기엔 무척 어렵게 느껴지지만 실제로는 간단하다. 왼쪽 저울판에 설탕 봉지가 놓여 있고 오른쪽 저울판에 1파운드 저울추가 놓여 있는데 저울이 평형을 유지했다고 하자. 그러면 오른쪽 저울판에 있는 저울추를 내리고 그 대신 종이 봉지에 설탕을 담아 올려놓는다. 그리고 저울이 평형이 될 때까지 봉지에 설탕을 조금씩 채운다. 평형이 되었을 때 오른쪽 저울판에 있는 설탕 봉지의 무게는 정확하게 1파운드가 될 수밖에 없다.

 스무 번째 문제

놀랍게도 책벌레가 갉아먹은 것은 단 2센티미터다. 왜냐하면 책이 왼쪽부터 순서대로 꽂혀 있다고 했으니 맨 왼쪽에는 첫 번째 책의 뒤표지가 오게 되고 그 다음에는 마지막 쪽부터 첫째 쪽까지 역순으로 오게 되므로 좀벌레는 첫 번째 책의 앞표지와 두 번째 책의 뒤표지 두 개만 갉아먹으면 되기 때문이다. 믿을 수 없다고? 그렇다면 책장에 가서 직접 확인해 보기 바란다.

 스물한 번째 문제

물통에 물을 4리터 담는 방법은 다음과 같다. 먼저 5리터 물통에 물을 가득 채운 뒤 그것을 3리터 통에 따라서 가득 채운다. 그럼 5리터 통에는 물이 2리터 남게 된다. 다음으로 3리터 통의 물을 모두 버리고 5리터 통에 남아 있던 2리터를 3리터 통에 붓는다. 마지막으로 5리터 통을 꽉 채운 뒤 그것을 3리터 통에 가득 찰 때까지 따른다. 3리터 통이 가득 차면 5리터 통에 남아 있는 물의 양은 정확히 4리터가 된다.

 스물두 번째 문제

뒤바뀐 것은 그림의 아래쪽에 표시된 쪽수이다.

 스물세 번째 문제

모래시계 두 개를 동시에 엎어 놓는다. 8분짜리 모래시계의 모래가 아래로 다 떨어졌을 때 가스레인지를 켠다. 9분짜리 모래시계에 남은 1분 분량의 모래가 다 떨어지면 모래시계를 재빨리 엎어 놓는다. 이 모래시계의 모래가 두 번째로 다 떨어지면 가스레인지의 불을 끈다. 이로써 물을 정확하게 10분간 끓여야 한다는 임무는 완수되었다.

 스물네 번째 문제

나란히 늘어서 있는 잔에 1부터 6까지 번호를 매긴다면 1, 2, 3은 레몬즙이 가득 찬 잔이고 4, 5, 6은 빈 잔이다. 2번 잔의 레몬즙을 5번 잔에 따르고 원래 자리에 내려놓으면 잔을 한 개만 움직여서 1번부터 6번까지 레몬즙으로 채워진 잔과 빈 잔이 번갈아 놓여 있게 하는 결과를 얻을 수 있다.

 스물다섯 번째 문제

한 손님이 다른 손님 아들의 아버지라면 그 다른 손님은 어머니가 된다. 따라서 두 손님은 부부다.

 스물여섯 번째 문제

케이블카를 타고 산 위로 가는 동안 마주치는 다른 케이블카의 수는 서른다섯 대이다. 1번 케이블카를 타고 산 아래 계곡에서 출발할 때 서른여섯 대의 케이블카 중 절반인 열여덟 대는 산 아래로 내려오는 중이므로 이 열여덟 대와 마주치게 된다. 그리고 1번 케이블카가 산 위로 가는 동안 먼저 출발했던 다른 열일곱 대의 케이블카들이 산 위 정류장에 도착했다가 다시 산 아래로 내려오며 마주치게 된다. 다시 말해서 1번 케이블카는 자기 뒤 차례인 2번 케이블카와는 출발할 때 마주치고 자기 바로 앞에 있는 36번 케이블카와는 산 위의 정류장에 도착할 때 마주친다. 총 서른여섯 대인 케이블카 가운데 마주치지 않는 유일한 케이블카는 자기 자신, 한 대뿐이다.

 스물일곱 번째 문제

구스 아저씨는 잔돈으로 만 원을 냈다.

 스물여덟 번째 문제

푸르미 씨가 먼저 제설차를 공터로 몰고 들어가 차를 세우고 구스 아저씨는 자동차 두 대 정도 들어갈 만큼의 공간이 되도록 차를 후진한다. 그 다음 맞은편 차 두 대가 공터를 지나 구스 아저씨의 차 앞에 선다. 산 아래로 내려가는 길이 뚫

렸으니 이제 제설차는 공터에서 나와 내려 갈 수 있게 되었다. 제설차가 내려가고 나면 구스 아저씨 앞에 있던 차 두 대는 후진하여 원래 자리로 간다. 마지막으로 아저씨가 차를 공터에 갖다 대면 맞은편에서 왔던 차 두 대는 공터를 지나 휴게소로 가고 아저씨는 산 아래로 내려간다.

 스물아홉 번째 문제

독심술의 비밀은 막대기가 작은 정사각형 칸의 어느 지점을 가리키는가에 숨어 있다. 칸 하나를 작은 정사각형 아홉 개로 된 큰 정사각형의 축소판이라고 치자. 수산야 아주머니는 꼬마 돼지들이 고른 칸이 큰 정사각형 안에서 차지하는 바로 그 위치를 작은 정사각형 칸 안에서 막대기로 짚는다. 그러니까 각각의 칸마다 매번 맨 왼쪽 위를 가리키는 것이다. 이 교묘한 수법으로 독심술 흉내를 낼 수 있던 것이다.

 서른 번째 문제

여덟 개의 잔 받침에 적혀야 하는 숫자는 아래 그림과 같다.

'1분'에 한 번 나오고 '보름날 밤'에는 두 번 나오지만 '천 년 동안'에는 한 번도 안 나오는 건 바로 'ㅂ'이다.

 서른한 번째 문제

구하려고 하는 배낭의 무게를 X라 하면 쌍둥이의 체중을 합한 것은 3X이고 푸르미 아주머니의 몸무게는 쌍둥이보다 60킬로그램 더 나간다 했으므로 3X+60이다. 푸르미 아주머니와 쌍둥이 그리고 배낭의 무게를 모두 합치면 7X+60인데 이것이 88킬로그램이라 했으므로 계산하면 X의 값은 4킬로그램이다.

 서른두 번째 문제

아저씨는 까코 씨에게 갔다. 비록 이발소는 지저분해도 자르고 씨의 단정한 머리는 그가 잘랐을 것이기 때문이다.

서른세 번째 문제

보기엔 달라 보여도 식탁 세 개의 실제 크기는 똑같다. 기름 종이에 식탁 하나를 본 따 그린 다음 나머지 식탁에 대 보면 꼭 들어맞는다는 걸 확인할 수 있을 것이다.

 서른네 번째 문제

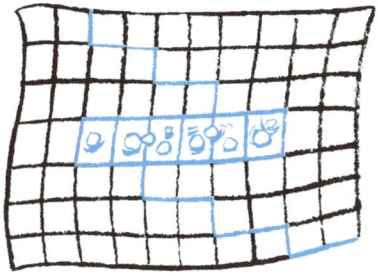

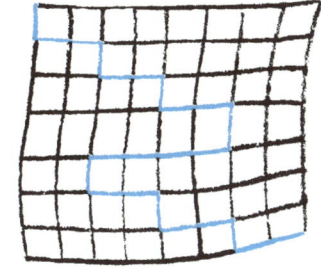

식탁보를 이렇게 오린 다음 불탄 구멍을 제외하고

이렇게 잇대어 꿰맨다.

 서른다섯 번째 문제

오늘은 금요일이다.

 서른여섯 번째 문제

선생님이 커피를 마셨을 때 커피에서 단맛이 났다.

서른일곱 번째 문제

남은 페인트칠을 마치는 데는 엿새가 걸린다. 이틀 일했으니 전체 일의 5분의 2를 마친 셈이다. 계속 넷이 했더라면 사흘이 걸렸겠지만 둘이 하면 그 두 배인 엿새가 걸리게 된다.

 서른여덟 번째 문제

하비의 말을 듣고 머릿속으로 정사각형을 떠올린다면 각 변의 길이와 대각선의 길이가 결코 같을 수 없으므로 선생님의 말이 맞게 느껴질 것이다. 하지만 하비의 말이 맞다. 하비는 선생님이 문제를 풀 수 있도록 힌트도 주었다. 힌트는 바로 이 문제가 산에서 풀기 적당한 문제라는 말이었다. 왜냐하면 언덕 위에 소나무 한 그루가 서 있고 언덕 아래 그 소나무로부터 일정한 거리 A만큼 떨어진 곳에 세 그루 나무가 정삼각형을 이루고 있으며 나무 사이 거리가 각각 A라고 할 때 네 그루 소나무는 정사면체를 이루고 각 꼭지점 사이의 거리는 같기 때문이다.

 서른아홉 번째 문제

이것이 바로 똥배 선생님이 찾아낸 해답이다.

마흔 번째 문제

나무에 앉은 새는 다섯 마리, 덤불에 있는 새는 세 마리다.

두 번째 문제에서 하비의 말이 거짓말이라는 것을 증명하려면 나뭇잎을 일일이 세어 보아야 할 것이다. 하지만 좀 더 간단한 방법이 있다. 몰래 나뭇잎 열 장을 떼어 낸다. 그리고 하비에게 나뭇잎이 모두 몇 장인지 말하라고 한다. 나뭇잎 몇 장이 사라졌는지 모르는 하비가 어떤 숫자를 말하든 그 숫자가 맞을 리 없는 것이다.

로베르트 그리스벡

꼬마 돼지들을 주인공으로 한 이야기를 만들어 냈다. 닐스 플리그너의 그림이 이렇게 근사하지 않았더라면 어린이 독자를 위해 수수께끼를 만드느라 머리 아프게 고생하는 일을 진작에 그만두었을 것이다.

닐스 플리그너

친구인 로베르트 그리스벡이 멋진 수수께끼들을 많이 생각해 내자신이 나서 귀여운 돼지 그림을 그리기 시작했다. 친구가 있다는 건 정말 좋은 일이다. 사람이든 돼지든.

고영아

독일에서 공부를 하고 『수학귀신』 『천둥 치는 밤』 『펠릭스는 돈을 사랑해』 같은 어린이책들을 우리말로 재미있게 옮기는 일을 했다. 그러던 어느 날 돼지 삼총사를 만나게 되었다. 이 꼬마 돼지들 덕분에 수학 수수께끼를 푸느라 시간 가는 줄 모를 만큼 즐거웠다고 한다.